KB103999

재혼하면 행복할까?

세컨드 웨딩

재혼
하면
행복
할까
?

양영제 지음

다밋
DAMEET

어느 날 아침, 아내가 갑자기 세상을 떠나 버렸다. 배우자가 없어진다는 것은 세상의 절반이 없어지는 것임을 깨닫기까지 그리 오래 걸리지 않았다. 남은 사람에게 남겨진 절반의 세상마저 하나 둘씩 단절되는 것 같았다. 휘뿌연한 새벽빛이 방 안에 스며들고 있는데도 눈을 뜨기 싫어 이불 속에서 꼼지락거리고 있을 때, 나는 내가 동굴 안에 갇힌 벌레 같다고 느껴졌다.

자의든 운명이든 둘이 함께하다가 어느 날 혼자가 된다는 것은 자기만의 동굴에 갇히는 것과 같다. 배우자가 없어진다는 것은 배우자만 잃어버리는 것이 아니라 그 사람으로부터 연결된 세계까지 다 잃는다는 것을 의미한다. 세계의 절반을 잃고 나면 그나마 반쪽인 자기 세계마저 사라지기 쉽다. 그리곤 불안과 고독, 소외감이 밀려오고 도대체 왜 내가 이렇게 되어야 하는지 도무지 이해할 수 없는 부조리한 세계만 펼쳐진다.

그리고 그 세계에서 벗어나기 위해, 또 함께할 수 있는 새로운 동반자를 찾기 위해 사람들을 어쩔 수 없이 재혼을 생각하게 된다.

내가 혼자되고 나서 처음 만난 홀몸들은 새로운 사람들이 아니었다. 늘 만나고 이야기를 나누어왔던 사람들이었다. 나보다 더 먼저 배우자를 떠나보낸 후 혼자 장바구니를 들고 장을 보던 남자였고 이혼소송 기간 중에 별거를 하며 혼자 지내던 남자였다. 그들은 운동 클럽에서 함께 운동을 하던 사람들이었는데 그들이 홀몸이라는 것을 내가 혼자가 되기 전까지는 몰랐다. 아니 홀몸이라는 것을 알긴 알았지만 그들이 왜 남들은 다 집으로 돌아가는데 술집에 계속 남아 앉아 있는지 생각해 본 적이 없었다. 혼자가 된 나는 곧 그들과 합류하게 되었고 그렇게 홀로 사는 사람들을 만나게 되었다. 상처 입은 사람들끼리 모이게 된 것이다.

어느 날 내가 혼자가 되었다는 것을 알게 된 여성 한 분과 이야기를 나누게 되었다. 자연스럽게 재혼이라는 소재가 떠올려졌고 그 여성은 '재혼은 아무나 할 수 있는 게 아니다'라고 했다. 나는 그 말을 실감하지 못했다. 그리고 그 여성이 이혼녀라는 사실을 그때 비로소 알게 되었는데 자랑거리도 아닌 사실을 굳이 지인들에게 밝히고 다닐 필요는 없었겠지만, 평범한 가정을 이루고 살던 나도 굳이 알려고 들 필요가 없던 것이었다.

우리나라가 서구문화에 많이 개방이 되었다고는 하나 일반가정에서 이탈된 사람들은 위축이 되기 쉽다. 그리고 홀몸이 된 사람들은 일반가정과 생활체제가 다르니 심리나 정서가 다를 수밖에 없고 관심사가 다르니 당연히 그들만의 그룹을 형성하게 된다. 혼자된 지 꽤 오래된 학교 선배의 소개로 알게 된 한 인터넷 재혼 모임에서는 그런 사람들이 모여서 자신들의 심정과 고뇌, 사회적 괴리감을 이야기하고 있었다. 그런 그룹이 한두 개가 아니었다. 무수히 많은 재혼클럽이 인터넷 상에서 자신들끼리 공간을 만들어 이야기를 나누고 있었다.

그러나 그들과 정서를 공유한다는 것은 쉽지 않은 일이었다. 내가 왜 이런 자리에 와 있어야 하는가 하는 자괴감을 떨쳐 버릴 수 없었기 때문이었다. 이는 자신의 현실을 인정하지 않는 상태를 반증하는 것인데, 이때가 혼자 된 사람들에게 가장 힘든 시기일 것이다. 그리고 점점 더 자신이 처한 현실을 거부하면서 고립을 자초하게 된다. 이 고립이 버거우면 그때 서서히 마음을 바꾸게 되는데 그게 또 쉽지 않은 일이다. 그래서 과거의 자신과 지금의 자신 사이에서 정서적 어려움을 겪게 된다.

그런 상태에서 결혼정보회사와 연결이 된다. 필자에게도 소위 커플 매니저라는 사람에게서 전화가 왔었다. 매니저의 말대로라면 금방 재혼이 이루어질 것 같고 얼마든지 가정이 복원될 것 같았다. 더구나 잊고 있었던 연애 감성마저 돋아나 아름다운 새출발이 시작될 것만 같았다. 그러나 그건 자본 논리가 충분히 현실적으로 뒷받침 된 상태에서 이루어지는 것이라는 것을 곧 알게 되었다. 재혼은 초혼과 너무나 다르기 때문이다.

다시 혼자가 되고 나면, 사람들은 내가 원하는 사람과 언제든지 재혼을 할 수 있을 거라 생각한다. 하지만 그것은 착각이다. 재혼도 초혼처럼 이루어질 것이라 여기며 이성을 만나 보려 하지만 누구를 만나는 것조차 쉽지 않다. 설령 만난다 해도 한 번의 결혼생활로 형성된 여러 가지 환경적 조건이 커다란 암초로 자리 잡고 항해를 방해한다. 그것은 바다에 떠 있는 거대한 빙산과 같다.

이런 현실은 자신이 갖고 있던 재혼에 대한 생각을 무참히 깨뜨리면서 마음에 또 다른 생채기를 만들기 쉽다. 관념과 실제의 차이, 마음과 현실의 차이, 욕망과 결핍의 차이가 걷잡을 수 없는 바람과 소용돌이를 만들고 수많은 번뇌로 밤을 지새우게 한다.

연예인과 유명인들, 혹은 주변에서 누가 재혼을 했다는 소식은 재혼이 마음만 먹으면 쉽게 이루어질 것이라는 착각을 불러일으키는데, 그 속내를 들여다보면 재혼이 그리 단순한 것이 아니라는 걸 알 수가 있다. 초혼이 맨땅에 벽돌을 하나씩 쌓아 집을 짓는 것이라면, 재혼은 복잡하게 지어진 건물이 폭격을 맞고 부서진 상태에서 수리를 하는 것이다. 그래서 기존 구조는 그대로 두고 실내만 바꾸는 리모델링과는 분명히 다르다는 것을, 직접 부딪치고 상처를 통해 비로소 깨닫게 된다.

옛날에는 호환 마마, 호랑이 이런 것이 무서웠겠지만 이혼 전성시대에는 외로움이 세균처럼 영혼과 육체에 기생하면서 사람을 서서히 쓰러지게 만든다. 그게 혼자가 되기 전에는 미처 몰랐던 것이고 알 필요도 없던 것이라 시행착오를 피할 수 없다. 이 때 외로움과 홀몸이라는 주홍 글씨, 그리고 생활의 어려움이라는 삼중고가 한꺼번에 찾아오는데 이를 탈피하고자 꾸는 꿈이 무참히 찢어지고 마는 경우가 숱하다. 그리고 이런 과정에서 또다시 상처를 심하게 입기도 한다.

필자가 이런 현상에 관심을 갖고 자료를 모으기 시작한 이유는 재혼 실패로 고통받고 있는 주변 사람들 때문이었다. 어떤 여성은 불행한 재혼으로 목숨을 끊었고, 어떤 남성은 딸을 데리고 재혼을 했다가 새사람과 불화를 겪어 다시 이혼을 했다.

이전에는 몰랐던 세계에 들어와 보니 과연 재혼이란 무엇일까 깊이 생각해보지 않을 수가 없었다. 물론 재혼이 항상 불행으로 이어지는 것만은 아니다. 행복하게 잘 사는 경우도 왕왕 있는데 행복한 재혼과 불행한 재혼의 차이가 어디서부터 비롯되는 것인가 몹시 궁금해졌다.

통계청 발표에 의하면 2011년도 결혼건수가 30만 9천 쌍이며 이혼건수가 11만 4천 쌍이라고 한다. 이것은 당해 연도 단순 수치, 즉 전체 한국의 기혼가정 중에 이혼 건수를 말하는 것이다. 그러므로 한 해의 결혼과 이혼 수치를 가지고 이혼율이 몇 퍼센트라고 말하는 것은 통계상 모순이지만, 그만큼 이혼이 많다는 것이다.

이제 이혼은 개인의 일로 쉬쉬할 것이 아니라 사회적으로 관심을 가져야 할 문제다. 이혼 문제가 심각해지는 것은 이혼한 당사자는 물론 자녀에게도 크나큰 영향을 끼치기 때문이다. 또 중년의 이혼은 국가생산력에도 지대한 영향을 끼친다. 이혼자들이 제대로 자신의 삶을 살아가기 위한 사회적 정서가 아직도 공론화되어 있지 않은 상태이며, 재혼의 길도 어둠 속에서 길 찾기처럼 어렵기만 하다. 그러므로 개인의 문제가 아니라 사회문제로 이혼을 바라보는 시각이 필요하다.

막상 재혼을 하려고 하면 모든 것이 자신이 생각했던 것과는 너무나 딴판으로 부딪쳐오고, 많은 문제들이 수면 위로 얼굴을 드러낸다. 하지만 어렵다고 하는 것과 불가능하다고 하는 것은 다르다. 또 쉽게 재혼을 해서 별 문제 없이 잘 살아가는 사람들도 종종 눈에 띈다. 그럴 때 사람들은 인연이 되어 만난 것이라고 말하는데 그 인연의 경우의 수를 넓혀가는 것이 바로 재혼 준비일 것이다.

이 책은 혼자가 되고 나서 재혼을 희망하는 사람들이 막상 재혼을 하려고 할 때 이리저리 부딪치는 문제들이 어떤 현상으로 나타나는지 관찰하면서 얻은 것들을 모은 것이다. 그렇다고 해서 이 책이 재혼을 희망하는 사람들을 위한 지침서나 연애기술서는 결코 아니다. 그저 재혼을 원하는 이들이 자신의 문제점을 인정하고 해결하는 데 이 책이 작은 도움이 되길 바란다.

필자 역시 홀몸으로 아이들을 키우며 인터넷 재혼 모임에서 '고양시'라는 아이디로 활동하였다. 그리고 홀몸들을 보고 느낀 것을 인터넷 클럽에 글로 올렸고 그런 글들이 여타 재혼 모임에도 번져 나갔다.

필자는 '돌싱'들을 만나 생생한 경험담을 보고 듣고 관찰하며 자연스럽게 재혼현상도 가까이서 지켜볼 수 있었다. 안타까운 것은 사람들이 자신만의 주관적 사고와 의지로 재혼시장에 나와 길을 걸어가지만 앞을 잘 헤아리지 못한다는 점이었다. 전혀 낯선 세계에 발을 디뎠으니 그럴 수밖에 없을 것이다.

필자는 자기의 생각과 현실이 충돌하여 그 안에서 흔들리는, 여러 모습들을 커다란 틀 안에 담고 싶었다.

이 책을 쓰기 위해 수많은 사례들을 수집하였고, 갖가지 현상을 객관적인 관점에서 바라보기 위해 통계청 발표 자료를 찾았고, 각 대학에서 발표된 한국 이혼과 재혼 현실 논문들을 뒤졌다. 그리고 미국 SAA(Stepfamily Assoication. 미국 재혼가정 지원기관)에서 펴낸 책자를 참조하였다. 사회적 현상과 더불어 재혼을 꿈꾸는 사람들의 심리를 좀 더 세밀히 이해하기 위해 심리학 박사인 박지영 선생의 진화심리학 도움도 받았다.

결혼, 이혼, 그리고 재혼은 다 개인의 몫이다. 그 선택과 결정에 도움이 되기를 바라는 마음으로 이 책을 썼다. 모쪼록 이 책이 재혼을 희망하는 사람들에게 자신이 현재 걷고 있는 모습을 들여다볼 수 있는 한 조각 거울이 되길 바란다.

2012년 8월

양영제

차례

2부_재혼의 조건

3부_재혼, 그리고 재이혼

다시 홀로 선 당신에게

이혼 전성시대

　인연을 만나 결혼을 하는 것은 힘든 일이다. 그리고 상처를 딛고 재혼을 하는 것은 더 어렵고 힘든 일이다. 새로운 짝을 찾는 일은 미로의 연속이라 출구를 찾지 못해 도중에 주저앉고 마는 경우가 허다하다. 사별이나 이혼 후 재혼 의사가 없을 때는 이런 현실을 전혀 모르고 언제든 재혼을 할 수 있을 거라 막연하지만 자신만만한 생각을 품고 있다. 하지만 재혼을 해보겠다고 나서면서부터 현실과 자신감 차이에서 오는 괴리감을 실감하게 된다. 그때부터 왜 재혼이 어려운 일인지 느끼게 되는 것이다.

　재혼을 생각하기 전에 자신이 왜 재혼시장에 나오게 되었는지를 먼저 알아야 한다. 그 원인을 생각해 자신의 잘못된 부분을 수정하지 않고 재혼만 꿈꾼다면 또 다른 상처를 받을 위험성이 커진다. 그러므로 진정한 자신의 모습을 찾는 내면의 여행이 선행되어야 한다는 것이다.

　재혼을 하려고 나서기 이전에는 이혼이 있다(사별한 사람들에 대한 이야기는 뒤에 다룰 것이다. 먼저 이혼을 한 사람들을 기준으로 이야기하려 한다). 이혼은 남

17

녀 모두에게 불행 중의 불행인데, 이미 이혼한 것을 어쩌랴. 혹자 중에는 재결합을 시도하는 경우도 있겠지만 이혼 후의 재결합은 깨어진 거울은 다시 비추지 않는다는 옛말처럼 쉽지 않은 일이다.

재혼을 하기 위해서는 이혼에 대해 먼저 생각해봐야 한다. 이를 개인적으로만 파악하려 하면 심정적 차원에서 맴돌기 쉽다. 사회 전체적인 현상 속에서 생각하면 보다 효과적으로 자신이 어느 지점에 위치해 있는지 파악하기 쉽고 재혼을 향해 발걸음을 옮기는 데 도움이 될 것이다. 따라서 한국의 이혼현상에 대해 시대적 고찰을 먼저 해볼 필요가 있다.

이혼은 혼인의 목적인 부부의 공동생활이 해체된 것이다. 그냥 쉽게 부부가 한집에서 계속 살다가는 큰 병이 날 것 같아서 어쩔 수 없이 선택한 이별의 형태라고 해보자. 그 이별이 예전에는 소수에 지나지 않아 사회가 정책적으로 다룰 필요가 없었다. 그러던 것이 왜 갑자기 폭발적으로 늘어나 이혼법정으로 들어가는 복도에 줄을 지어 서 있어야 하고, 텔레비전에서는 이혼 문제를 다루는 프로그램이 방영되고, 토크쇼와 드라마에서도 이혼 과정을 그리고, 이제는 이혼 소송을 전담하는 변호사, 이혼 문제만 전문으로 다루는 잡지가 등장할 정도로 이혼 전성시대가 되어가고 있는 것일까.

이러한 한국의 상황을 알아보기 위해 먼저 미국에서 이혼율이 언제 어떻게 급격히 변했는지를 알아볼 필요가 있다. 왜냐하면 우리나라가 서구화되어 가며 미국의 이혼 경향을 답습하고 있다고 여겨지는 점이 있고 또 미국이 현재 보여주고 있는 현상을 한국이 따라갈 가능성이 크기 때문이다.

미국이라는 나라가 자유분방하고 이혼율이 세계 1위(2002년 기준, 한 해 결혼건수 대비 이혼건수 50% 선)라고 해서 이혼에 대해 예전부터 자유로웠던 것은 아니다. 오히려 이혼은 사회적 위치나 명예에 커다란 상처를 주는 일이라 터부시되어 왔고, 연예계나 스포츠계 스타들이 곧잘 이혼을 하는 것은 그들만의 세계에서 일어나는 일종의 행사 쯤으로 여겼다. 사람 사는 모습은 미국이든 한국이든 비슷하다. 특히 가정이라는 것은 세계 어딜 가나 유별난 것 없이 비슷하다. 따라서 미국의 가정도 가화만사성 이라는 고정된 관념에서 머물러 있었다. 그런데 그러던 미국이 크게 변하는 시기가 있었다.

이혼이라는 것을 사회구조적 · 경제적 · 문화적 관계 속에서 바라보게 되면 그 현상을 파악할 수 있는데 급변하는 시기에는 이혼율이 치솟는 것을 쉽게 발견할 수 있다.

한국이 1980~1990년대가 그렇다면 미국은 1960년대가 그렇다. 1960년대 미국은 대변혁기로서 베트남전쟁 반전운동이 확산되었고 로스앤젤레스 흑인 폭동과 흑인인권운동이 거세게 일어났다. 또 극단적인 세대갈등과 히피로 상징되는 기존사회의 통념과 제도, 가치관을 거부하는 운동이 불길처럼 일어났다. 그 와중에 여성들이 적극적으로 사회변혁운동에 참여함으로써 여성의 목소리가 높아지게 되었다.

사회변혁운동기에는 여성의 참여를 필요로 하는데 이는 자연스럽게 여권에 대해서도 논의를 불러일으키게 된다. 여성들이 사회운동에 참여하면서 양성평등·여권신장운동도 함께하기 시작하는데, 이 틈에 이혼이라는 현상이 일반적 사회현상으로 인정을 받게 된다.

1970년대에 이르러서는 여성의 경제활동인구가 늘어났고, 이는 곧 여성의 경제적 자립을 구축하게 됨으로써 이혼을 용이하게 하는 발판이 되었다. 그리고 여성의 교육환경이 높아지고 고등교육을 받은 여성들이 사회에 진출하여 더 높은 지위와 좋은 직장에서 자리를 갖게 되었다. 1980년대는 페미니즘의 절정기였다. 여성도 모든 것을 할 수 있고 가질 수 있다는 확신이 싹텄고 남편의 아내, 아이의 엄마, 그리고 직장에서의 상사 역할까지 다 잘할 수 있다는 슈퍼우먼 개념이 싹틈으로써 이혼에 가속도가 붙기 시작했다. 이 시기에 페미니즘을 뒷받침하는 하나의 유행어가 번지며 개념으로 자리 잡아 가기 시작하는데 그것이 바로 '질적인 시간Quality Time'이다. 여성이 사회에 진출함으로써 비어지는 아이의 양육이나 가정에 복무하는 시간의 양적 저하를 질로 대체하는 것이다. 아이와 갖는 시간을 양으로 따지지 않고 질로 따지는 것이다.

여성들은 사회에 활발하게 진출하게 되면서 불공평한 결혼생활과 권위를 내세우는 배우자를 그저 순종하고 견디는 것을 그만두게 되었다. 똑똑하고 능력 있는 여성들은 이혼을 통해서 홀로서기를 시작했고 결혼과 이혼관 자체도 많이 달라지게 되었다.

이제 우리가 살고 있는 한국의 상황을 들여다보자. 이혼은 각각 개인의 사정이 다르겠지만 시대라는 판을 깔고 점을 찍어 보면 하나의 커다란 그림 속에 자신이 어떤 형질의 이혼사유에 해당되는지 분별할 수 있을 것이다. 이 인식능력은 굉장히 중요하다. 왜냐하면 개별적 사정이나 심정에서 벗어나지 못하고 있으면 재혼시장의 지도를 읽어낼 수 없으며, 지도를 읽지 못하면 요행히 재혼 상대자를 만난다 해도 순조롭게 관계를 발전시키지 못하기 때문이다.

개인적인 심정에서 벗어나 한 번쯤 자신이 시대의 어느 위치에 점해 있는지 스스로 대상화시켜 봐야 한다. 그럴 수 있는 인지능력이 있을 때, 자신을 자신에게서 거리두기를 할 수 있을 때, 비로소 내진설계가 잘된 재혼을 할 수 있기 때문이다.

한국의 이혼율은 1980년대부터 이혼 전성시대 조짐을 보이기 시작하더니 1990년대 시작과 더불어 훌쩍 뛰고, 2000년대 와서는 강남땅 빌딩 올라가듯이 올라서 버렸다. 또 늘어난 인구 수를 감안하더라도 이혼 전성시대란 표현은 과장된 것이 아닌 현실이다.

왜 이렇게 갑자기 짧은 기간에 이혼율이 높아진 것일까? 각 전문기관에서 많은 연구를 하고 논문을 발표하기도 했지만, 필자는 미국의 현상이 한국에서도 비껴가지 않았다고 생각한다.

1980년대의 민주화운동은 자연스럽게 여성의 참여를 요구했고 민주화운동과 사회변혁운동에 여성이 적극적으로 합류함으로써 여성의식 또한 동반 상승했다. 여권신장운동 역시 페미니즘이라는 의식으로 무장되었다. 그리고 고등교육을 받은 지식인 여성들이 사회의 생산인력으로 대거 쏟아지게 되었다. 우리나라도 미국처럼 이제 더는 여성들이

가부장적이며 권위적인 남성들의 전행을 참지 않게 되면서 이혼이 급물살을 타게 된 것이다. 어쩌면 필연적 현상인지도 모르겠다.

그렇다면 현재 이혼 과정을 막 끝낸 사람들, 그리고 이혼 과정에 있는 사람들의 심리 상태에 대해 알아보자. 그중에서도 젊은 사람들(20대~30대)을 기준으로 알아보기로 한다.

쿨한 이혼이 있을까?

초년 이혼자들 특징을 표현하라면 핫hot과 쿨cool이다. 나이가 젊으니 누구 한쪽의 잘못으로 이혼하게 되는 것보다 가치관의 차이나 생활에서 오는 갈등 등으로 치열한 논쟁hot argument을 벌이다 쿨cool attitude해진다. 부부간에 치열하게 다툴 때는 얼굴이 벌겋게 되도록 다투지만 헤어지고 나서는 쿨쿨거리고 잔다는 것이다. 중년부부들이 아웅다웅 다투다가 헤어지고 나서도 끙끙거리는 것과는 사뭇 다른 정서를 드러낸다. 결혼기간도 짧고 축적된 삶의 짐들도 덜하니 그럴 수 있을 것이지만 무엇보다도 교육을 많이 받았다는 것이 중년이나 노년 부부들과는 크게 차이가 난다. 배웠으니 나름 생각하는 바가 많고 자기주장도 강하다. 또 주장이 강하다고 해서 우격다짐식이 아니라 상대를 논리적으로 대항하려는 경향이 두드러진다.

21세기 이후 결혼을 한 젊은 세대는 밭 갈고 논 갈던 시대의 부부모럴을 학습받지 않았다. 이미 조선시대 아니 가깝게는 구한말 시대에 전수된 전형적 부부관계의식은 부모 세대가 한번 걸러냈다. 한국 전통문

화보다는 서양문화를 더 친숙하게 느끼며 받아들이는 젊은 세대는 부모의 회색빛 부부모럴을 견제하고 또 부모들도 전수하려고 하지 않는다. 오히려 너만은 나처럼 살지 말라는 보상적 주술을 자식에게 세뇌시킨다. 부모 세대가 밥상머리에서 그릇을 집어던지며 지지고 볶고 싸웠다면 뉴밀레니엄 세대는 식탁에 정자세로 앉아 서로 눈 똑바로 쳐다보며 잘잘못을 따진다. 어느 한 쪽이 승복하거나 굴복하지 않아 갈등이 심화되어 파국으로 치달으면 냉정하게, 즉 쿨하게 헤어지게 된다. 쿨할 수 있는 이유 중의 또 하나는 젊었으니 노동력을 갖고 있는 상태라 경제적 문제에서도 중년처럼 어려움이 크게 따르지 않는다는 것에 있다.

그렇다고 해서 어디 이혼이라는 것이 말 그대로 쿨하던가. 가슴에 생채기가 남고 한번 실패했다는 자괴감은 잠을 자고 있는 동안에도 엄습해 올 것이며, 이혼에 대해 개방적 정서를 갖고 있지 않은 이 땅에서 이혼자로 살아가는 데는 여러 가지 어려움이 따를 것이다. 또한 감정의 종류는 다를지 몰라도 자녀가 있는 상태라면 자녀 때문에 눈물 흘리지 않을 수 없을 것이다.

또한 쿨하게 헤어졌지만 혼자라는 상황에 의한 외로움은 결코 쿨하지만은 않다. 그리고 그 고통은 생각보다 진하고 오래간다. 이런 아픔은 정상적으로 부부생활을 하고 있는 친구에게 하소연해봤자 그 아픔이 제대로 전달되지도 않는다. 부모형제도 이혼자가 직접 겪고 있는 고통이 얼마나 큰 것인지 알지 못한다. 이혼한 것이 무슨 죄진 것이냐고 항변해도 부모형제 앞에서 마치 죄인 같은 느낌을 떨쳐버릴 수 없을 것이며, 명절날 형제 부부들 사이에서 겉돌며 맘 편히 고스톱 판에 끼지도 못하고 그저 텔레비전만 멍하니 쳐다보고 있을 것이다. 쿨한 척하면서 말이다.

도대체 이 땅에 언제부터 '쿨'이라는 단어가 등장했는지 모르겠지만, 인생이 틀어지는 이혼 확정 선고를 받은 후 법원을 나서면서 "우리 마지막으로 노래방에 가서 노래나 한 곡씩 부르고 헤어질까?"라고 제안하고 또 이를 받아들여 노래방을 들렀다 각자의 길로 가는 사례도 있긴 하다. 도대체 노래방에 들러 무슨 노래를 불렀을까? 또 얼마나 쿨하면 이혼이라는 일을 결행하고도 노래방에 들렀다 갈 수 있을까 하고 의구심이 들지만 이것은 초년 이혼자 정서의 유별난 특징 중 하나다.

황혼이혼에 비해 초년이혼이 비교적 덜 복잡하고 아픔을 위장하기 위해 쿨이라는 단어를 내세울 수 있는 여건 중의 하나는 자녀가 없을 경우다. 자료에 의하면 2001년 무자녀 이혼이 전체 이혼자 중 27.8%를 차지했는데 2008년에는 45.4%로 높아졌다.

맞벌이 부부가 경제적 안정을 취한 다음 출산을 하겠다는 계획으로 출산을 미루다 그 사이에 어떠한 이유로 갈등을 빚어 이혼에 이르기도 하겠으나, 이러저러한 이유로 무자녀일 경우 이별이 유자녀 부부보다는 쉬울 것이다.

"갔다 왔니?"
"응, 갔다 왔어."

"아이는 누가 책임지기로 했니?"

"응, 무 생산이야."

"다행이다. 새로 시작할 수 있겠구나."

초년 이혼자들이 서로 나누는 대화이다.

결혼했다가 이혼한 것을 '갔다 왔다'라고 표현한다. 중년 이상은 행정관청에서 공식으로 쓰는 이혼이라는 말을 그대로 쓰고, 비교적 젊은 이혼자들은 '찢어졌다'라고 표현하는 것에 비해 초년 이혼자들은 마치 군대 전역한 것처럼 또는 하프코스 마라톤 반환점을 돈 것처럼 말한다. 무자녀 이혼자뿐만 아니라 자녀 한 명 정도일 경우도 이런 표현을 쓰긴 하는데, 자녀가 둘 이상 되는 이혼자들은 연령에 상관없이 '갔다 왔다'라는 표현을 좀처럼 쓰지 않는다.

초년이혼이 쿨할 수 있는 여건이 또 있는데 그것은 바로 경제창출력이다. 휴직 상태일지라도 경제생산력이 있는 나이이므로 언제든지 기회가 되면 경제활동을 할 수 있기 때문에 쿨할 수 있는 것이다. 생산능력과 경제력이 없으면 제아무리 쿨쿨거리더라도 정말 쿨할 수 있는 사람은 그리 많지 않을 것이다.

폭발적으로 증가하는 이혼율을 막아보고자 텔레비전에서 이혼에 관한 프로그램이 생겨나고 법원에서 이혼숙려기간을 만들었다고 한들 변화된 남녀의식에 제동을 걸지 못할 것이다. 새로운 의식과 가정문화가 정착되기 전까지는 말이다. 그렇다고 양반이 이혼을 하기 위해 임금님의 재가를 얻는 조선시대로 되돌아갈 수도 없는 일이다. 그러니 이제는 이혼을 하나의 사회현상으로 받아들여야 할 것 같다.

이혼에 대해 시대적 원인분석을 해야 하고 어떻게 대처를 해야할지 국가나 각계 전문 집단에서 연구하고 정책적으로 다루어야 하며, 이혼이라는 바다에 빠진 사람들이 어디 한군데 손을 뻗어 잡을 곳이 없나 살펴야 한다.

지금 현재로서는 이혼한 사람들이 찾아갈 기관이 기껏해야 가정법률상담소나 사회복지센터 상담소, 한가정상담소 등을 꼽을 수 있을 정도다. 그리고 그나마 체계적으로 재활프로그램이 만들어져 있거나 상시적 교육훈련을 받을 수 있는 곳도 없다.

더 심각한 문제는 개인이 이혼을 했을 때는 자신의 의지와 판단으로 했으니 홀로서기나 새로운 삶을 꾸리기 위해 재혼을 원할 경우에도 오로지 혼자 걸어가야 한다는 점이다. 하지만 여기에 수많은 시행착오라는 함정이 기다리고 있다.

이혼을 할 때 재혼을 염두에 두고 하는 사람은 거의 없다. 대부분 이혼 후에 펼쳐질 생활에 대해 막연한 각오와 상상만 하고 있을 뿐, 구체적인 현실적 대안을 마련하고 이혼을 하는 경우는 드물기 때문이다. 이혼이란 배에 불이 나 연기에 휩싸이자 숨이 막혀 바다에 뛰어드는 것과 같다. 그런 다급한 상황에 언제 나침판을 호주머니에 넣고 인생 내비게이션을 준비하며 물과 식량이 충분히 마련된 보트를 내려놓고 바다에 빠지겠는가. 이혼 후 형편이 그나마 나은 편이라면 수영을 잘하는 사람이 구명조끼라도 입고 있는 형국이겠으나, 수영도 잘하지 못하는 데다 돌봐야 할 자식까지 있다면 사방이 칠흑 같은 밤바다에 빠져 허우적거리며 혼자 파도를 헤쳐 나가는 꼴이다.

이렇게 인생의 어느 지점에서 힘겨운 현실에 휘감겨 신음조차 제대로 못하고 사는 사람들이 너무 많다. 통계에서 보다시피 이 땅에 살고 있는 홀몸 인구는 아마 대학생 숫자보다 더 많을 것이다. 이런 사람들을 개별 가정사로 치부하여 사회나 국가가 도외시한다면 결국에는 나라의 건강한 생산력에 거대한 지장을 초래하게 될 것이다.

지금 한국사회 속에는 다양한 가족 형태가 늘어나고 있다. 이혼과 사별 등으로 한 가족 단독세대를 이루고 있는 것도 그렇고 재혼을 하여 새로운 가정을 꾸리는 것도 이제는 새로운 사회현상으로 받아들여야 한다. 그런데 아직까지 우리 사회는 '정상가족 신화' 속에서 새로운 가족 형태를 쉽게 받아들이지 못하고 편견과 부정적인 시각을 가지고 있는 것이 사실이다.

이혼은 결코 주홍글씨로 써야 할 단어가 아니다. 다만 상처일 뿐이다. 그 상처를 만들어 낸 것에 남성 중심 의식이 중요한 역할을 해왔다. 일부 여성들의 급진적 성향도 어쩌면 여성 인권과 인격을 억눌러왔기 때문에 튀어나올 수밖에 없었던 현상일 것이다. 이런 의식과 제도가 여전히 지배하고 있는 상태에서 재혼을 한다는 것은 여성에게 모험과 또 다른 희생을 요구하는 것과 같다.

호주제뿐만 아니라 부부가 이혼을 할 때 자녀에 관한 권리와 책임을 양육권과 친권으로 구분하는 것도 제도적 보완을 해야 할 부분이다. 이런 제도적 보완과 더불어 사회적으로 이혼·재혼 문화가 자연스럽게 받아들여질 수 있도록 인식의 전환을 도모해야 한다. 이혼을 장려하자는 말이 아니다. 이혼 혹은 사별 등으로 만들어진 한부모 가족이 비정상적인 게 아니라 누구나 편입될 수 있는 다양한 가족형태 중의 하나이며 재혼을 통해 만들어진 제2의 가족형태 역시 자연스럽게 받아들여질 수 있도록 사회적 분위기가 조성되어야 한다는 것이다.

이러한 노력이 각 가정에서만 이뤄질 것이 아니라 사회 각계각층에서 이루어져야 하고 국가 정책도 따라줘야 한다.

그리고 제도적 보완과 함께 개인의 의식 전환도 필요하다. 여성에게 조선시대 의식으로 회귀하라고 요구할 것이 아니라, 정체되어 있는 남성의 의식이 현대사회 의식으로 신속히 이동해야 한다는 점이다. 재혼에서도 여성을 남성 질서 속에 복속시키려 하지 말고 각자의 질서를 인정하고 존중해야 할 것이다. 그러한 바탕 위에서 홀몸 남녀가 만나게 되면 한곳을 바라보며 나란히 걸어갈 수 있는 동반자가 될 것이라 믿는다.

시대의 반란, 황혼이혼

할아버지 세 분이 폭행을 당했다고 파출소에 와서 신고를 했다. 가해자는 모두 각자의 할머니들인데 폭행 이유가 60대 할아버지는 밥 달라고 해서 맞았고, 70대 할아버지는 어디 가냐고 물어봐서 맞았으며, 80대 할아버지는 아침에 눈 떴다고 맞았다는 것이다.

시중에 돌아다니는 이런 우스갯소리가 현실에선 비극으로 일어났다. 2010년 10월 21일 저녁뉴스에서 전하는 사건개요는 이랬다.

전남 고흥군에 사는 유모 할머니(76세)가 자신에게 폭력을 행사하던 남편 강모 할아버지(83세)를 둔기로 때려 숨지게 했다는 것이다. 난치성 질환을 앓고 있어 거동이 불편한 할아버지와 병원 치료 문제로 티격태격 말다툼을 계속하던 중 할아버지가 폭력을 휘두르자 할머니도 화를 참지 못하고 땔감 나무를 가져와 휘둘렀는데, 할아버지가 머리와 가슴을 맞고 과다출혈로 숨지고 말았다는 것이다. 2010년 10월 16일 새벽 5시 30분에 일어난 우. 발 .적. 사건이다.

좀 더 자세한 사정은 이랬다. 사건 당일, 손발이 썩어들어가는 '버거

씨병'을 앓고 있던 할아버지가 의사의 만류에도 불구하고 막무가내로 퇴원해 할머니와 치료 문제로 옥신각신하던 중이었다. 치료를 받지 않으면 손발을 절단해야 하는 지경에 이르지만 답답한 병원에 한시도 있지 못하겠다는 할아버지는 '제발 고집부리지 말고 치료를 받아라' 하고 잔소리하는 할머니 말에 갑자기 짜증을 이기지 못해 할머니 얼굴과 머리 등을 마구 때렸다.

사람은 꽃으로도 맞으면 화가 나는 법, 순간 할머니 머릿속에서는 56년 결혼생활 동안 술 먹고 때리고, 아들 못 낳는다고 구박했던 설움이 떠올랐고 그 감정이 복받쳐 그만 땔감용 나무를 가져와 휘둘렀던 것이 남편 살인이 되어버렸다.

이쯤 되면 우.발.적.이라고 하는 사건이 우발적인 것만은 아니었다는 생각이 든다. 사건기록부에 기재된 할머니 나이가 76세이니 1934년생이고 할아버지가 83세이니 1927년생이다. 일제강점기에 태어나 성장하고 해방과 좌우익 이념대립 소용돌이 속에서 지내다 6.25 전쟁이 끝난 이듬해 결혼을 했으니 할머니 나이 꽃다운 스무 살이고 할아버지는 스물일곱 살이었다. 이들 부부가 사회관습과 제도를 몸에 익힐 성장기 때는 반봉건 농경사회여서 남존여비 정서가 지배적이었다. 여필종부라는 말밖에 떠오르지 않는, 그야말로 여자 팔자 뒤웅박 팔자였던 시대였다.

사건의 할머니는 결혼생활 56년 동안 구박만 받고 살아온 것 같다. 시집와서 딸만 내리 일곱을 낳아 아들 못 낳는 여자라며 천대를 받고 살아왔으며 사건 며칠 전에도 피멍이 들어 있는 것을 동네 사람들이 목격했다는 것이다.

"유 씨가 딸 일곱을 낳다 보니 강 씨가 아들을 못 낳는다고 구박을 하고 때리기도 참 많이 때렸다. 옛날에도 술 먹고 두들겨 팼는데, 늙어서까지 천대를 하니 화를 참지 못하고 사건이 일어난 것 같다."

동네 사람들의 증언대로 유 씨 할머니는 경찰서에서 이런 식으로 진술했다고 한다.

"영감한테 맞응께 젊어서부터 맞고 산거이 생각나 나도 모르게 일을 저질러부렀당께라. 워마 인자는 영감 가는 것도 못 보고 까막소(감옥)에서 남은 인생 보내게 생겼네. 이 일을 어쯔야 쓰까이. 아이고 더런 놈의 내 팔자야."

정말 팔자가 기구한 할머니이다. 천신만고 끝에 아들을 봤으나 습관이 되어버린 남편의 천대와 구타에서 벗어나지 못하고 숨죽여 살 수밖에 없었던 것이다. 할머니가 계속 그렇게 산 이유는 줄줄이 낳은 딸들 때문이었을까? 아니면 이혼이라는 것을 몰라서 그랬던 것일까? 유 씨할머니 세대 때는 매 맞는 아내가 대수롭지 않게 여겨졌겠지만 요즘 세대야 어디 상상이나 할 수 있는가. 더구나 황혼이혼이 늘어나고 있는 지금 말이다.

통계청 발표 자료에 의하면 2008년 이혼건수가 11만 6천5백 쌍인데 그중 결혼 20년 차 이상 황혼이혼이 차지하는 비율이 당해 연도 전체 이혼건수 중 23.1%를 차지한다고 한다. 이는 2000년 황혼이혼 비율 14.2%에 비교하면 황혼이혼 비율이 얼마나 높아가고 있는지 쉽게 알 수 있다.

이렇게 높아만 가고 있는 황혼이혼 중에 왜 할머니는 포함되지 않았을까? 이혼을 장려하는 것은 아니지만 차라리 차선의 선택으로 이혼을 택했다면 이런 비극적 결말은 일어나지 않았을 것이다.

이 사건을 가만 들여다보고 있으면 한국사회의 변화를 생각하게 되고 얼마나 짧은 시간 내에 이 사회가 변해 가는가를 느끼게 된다.

유 씨 할머니와 강 씨 할아버지가 결혼했을 때가 1954년이니 이 땅에 6.25전쟁이 끝난 이듬해이다. 당시만 해도 상투를 틀고 다니는 남자들이 있었고 아들을 낳은 여자들은 젖가슴을 내놓고 다니는 시대였다. 국가경제의 기반은 여전히 농업이었고 산업이라고 해봐야 기껏 수공업 형태였으니, 달구지가 가던 길에 신작로가 깔리고 나라의 수장이 임금님에서 대통령으로 호칭만 바뀌었을 뿐 여전히 국민들 의식은 조선시대에서 벗어나지 못하고 있었다.

할머니 시대에 주요 산업인 농사를 짓기 위해서는 논이라는 땅이 필요할 뿐만 아니라 농사를 지을 노동력이 있어야 했다. 그게 남자의 노동력이다. 남자가 논밭이 있고 농사지을 힘이 있어 쌀보리를 생산해야 여자도 먹고 사는 것이다. 그리고 논밭도 없고 경작한 힘도 없는 여성들은 그저 남편이 죽으라고 하면 나 죽었소 시늉이라도 내야 남편밥을 먹고 살 수 있었다. 이것이 조선시대 농사를 지어서 먹고 살던 부부들의 일반적 형태다. 이 바탕 하에서 부부모럴을 만들어낸 것이다. 모럴은 사회제도적으로 규범화되는 것이 아니지만 마음속에서 자발적 의지로 생성된다. 다시 말해 자신을 먹여 살려 주는 남편을 죽으나 사나 따라야 하고 여자의 생존여탈을 쥐고 있는 남자는 집안에서 권위를 갖게 되는 것이다. 이런 모습은 조상대대로 내려오는 관습일 것 같지만 실은 생산 문제, 즉 먹고사는 문제를 누가 해결하고 있느냐에 따라 형성되는 의식이다.

유 씨 할머니는 어떤 경우였을까? 필자의 상상에 의하면, 아마도 할머니 앞으로 논밭이 등기되어 있지도 않았을 것이고 집도 할아버지 앞으로 소유권이 있었을 것이다. 즉 할머니에겐 살기 위한 생산수단이 없었을 것이다. 게다가 농사를 짓기 위한 노동력도 여자라서 미약하니 그저 집에서 살림이나 하고 밭일이나 하면서 평생을 살아왔을 것이다. 옛날 어머니들이 하던 식으로 말이다. 할머니도 자신의 친정어머니처럼 대를 이을 아들을 낳고 살려고 했는데, 농경사회에서 노동력 없는 딸만 내리 일곱을 낳았으니 동네 사람들 말처럼 천대와 구박을 받으며 살아왔으리라는 것을 쉽게 상상할 수 있다.

천신만고 끝에 나이 들어 아들을 하나 보긴 했지만 그렇다고 해서 갑자기 처지가 바뀌는 것도 아니었을 것이다. 억눌린 세월이 쌓이고 쌓이다 어느 날 우연히 치료 문제로 말다툼이 벌어졌고, 관습화된 할아버지의 행동이 폭력으로 나타났고, 그게 폭발의 불꽃이 되어 결국 비극적인 결과가 일어나고 말았던 것은 아닐까. 폭발의 기화점은 우발적이겠지만 그 기저에 깔린 56년 감정의 골은 우발적인 것이 아니며 유 씨 할머니 한 개인의 팔자소관에 의한 것도 아니다.

필자가 그 사건을 변화된 시대의식에 부응하지 못한 노부부의 질곡된 삶이라고 판단한다면 잘못된 생각일까? 이들 부부에게는 결혼 당시 형성된 주종적 부부형태가 56년 동안 군건히 자리잡고 있었을 것이다. 그리고 달라진 것이라곤 오로지 늙어 노동력을 상실한 병든 할아버지의 몸뚱이와 켜켜이 쌓여왔던 할머니의 울분이었을 것이다.

물론 부부의 모럴이 생산력과 물질에 의해서만 형성되는 것은 아니다. 고도로 발달한 인간의 정신이 먹고사는 문제에만 귀촉된다면 얼마나 서글프겠는가.

또 조선시대라고 해서 꼭 매 맞고 사는 여자만 있었던 것은 아닐 것이다. 얼마든지 서로 존중하고 위로하며 사는 부부들이 많았다는 것을 역사는 말하고 있지 않는가.

그렇다면 유 씨 할머니 부부의 자식 세대(지금의 중년 세대라고 볼 수 있겠다)는 도회지로 나가서 무슨 변화를 겪었을까?

전쟁이 끝나자 경제개발이 시작되어 농업경제에서 산업경제로 탈바꿈을 하게 되었고 초기 노동집약적 경공업은 여성 노동력을 필요로 했다. 그래서 농촌에 있는 여성인력을 도시로 끌어들이는 과정에서 여성들에게 사회질서를 보고 듣고 생각하게 만드는 기회를 제공하게 되었다. 그리고 여성 노동의 생산력을 높이기 위해 산업체 현장에서 교육을 본격적으로 시키기 시작했다. 여성들은 교육만 받은 것이 아니라 노동으로 인한 은행 통장도 손에 쥐게 되었다. 비로소 이 땅의 여성들은 반봉건 사회의식을 한꺼풀씩 벗어 던지며 은행 통장으로 구입한 남녀평등 신질서의식으로 갈아입게 된 것이다.

이렇게 팽창한 여권의식은 기존의 반봉건 체제 아래 남아 있던 남성 지배의식과 마찰을 빚게 된다. 기존의 어머니들로부터 학습 받은 대로 결혼을 한 후에도 여전히 남성에게 모든 것을 의탁한 채 살아야 한다고 강요 받기 때문이다. 시대가 바뀌었는데도 이런 모습으로 살아가도록 강제하게 된 데는 쉽게 변하지 않는 사회적 인식과 자녀가 중요한 원인이 되었다.

하지만 변화하는 시대와 의식 덕분에 이 중년 여성들도 반란을 일으키게 되었다. 유 씨 할머니처럼 비참하게 매를 맞고 살지 않았더라도 남성의 그늘에서 자유롭지 못한 채 살아가다가 자식이 어느 정도 성장하면 드디어 카드를 꺼내는데 그게 황혼이혼장이다. 자식은 이혼을 늦추는 역할만 할 뿐이지 아예 빗장을 걸지는 못한 것이다. 무슨 짓을 해도 아내가 자식 때문에 이혼하지 않을 거라며 철썩같이 믿고 있는 남성이 있다면 '여성이 이혼을 하면 죄인'이라는, 유효기간 지나도 한참 지난 딱지를 마음속에 지니고 있는 것은 아닌지 물어보고 싶어진다.

통계청 발표를 보면 황혼이혼율은 앞으로도 성장세를 멈추지 않을 것 같다. 불과 10년이 채 안 된 기간에 전체 이혼율 중에 10%나 증가했으니 황혼이혼 문제가 사회문제로 부각될 날이 머지않았다.

물론 2000년부터 이혼율이 폭증한 데는 1997년에 우리나라가 맞은 국가부도사태인 IMF로 인해 수많은 실업자가 양산되어 가정경제를 망가뜨린 원인이 포함되어 있다. 이혼에 있어서 경제 문제는 가장 약한 고리이다. 그래서 부부간에 근본적인 문제점들은 이 약한 고리를 통해 튀어나오게 마련이다. 물론 각 개인별로 다양한 이혼사유가 있겠으나 적어도 가정경제가 튼튼했다면 그 시기를 늦추거나 댐 역할을 할 수도 있었을 것이다.

이렇게 말하면 이혼이 마치 돈이라는 문제로 귀결되는 것 같다는 생각이 들 수도 있다. 즉 남성의 부실한 경제 능력 때문에 생활이 어려워진 여성이 더 이상 남성에 복종할 가치를 느끼지 못해 이혼을 요구하는 것으로 비쳐지는 것 말이다. 그런데 상당수 이혼건수 중에 경제파탄이 주된 원인으로 기재되고, 경제파탄은 잠복해 있던 다른 요소들 즉 성격 차이, 양가 갈등, 외도, 폭력 등을 전면에 내세우게 만드는 기폭제 역할을 담당하는 것도 사실이다.

2010년 대법원에서 발표한 사법연감을 보면 가사사건 중 이혼사건이 가장 높은데, 특이한 점은 이혼사건을 동거기간별로 비교할 때 결혼 후~4년이 33,718건(27.2%), 5년~9년 23,636건(19.1%), 10년~14년 19,986건(16.1%), 15년~19년 18,398건(14.8%), 20년 이상 28,261건(22.8%)으로 나타나 결혼 후 4년까지 혹은 결혼 후 20년 이후 시점에서 가장 많이 이혼하는 것으로 나타났다.

결혼 20년 차 이상의 황혼이혼이 늘어나는 것을 한국의 압축성장으로 급격하게 변모한 사회의식과 기존의 관습이 충돌하다 자녀들이 성장한 후 일어나는 결과라고 한다면, 결혼한 지 4년이 채 안된 젊은 부부들의 이혼율이 높다는 것은 황혼이혼과 그 성격이 다르다고 할 수 있다.

모 재혼그룹에 가입된 30대 회원들 프로필에 적혀 있는 이혼사유를 보면 경제파탄보다는 성격차이가 두드러지게 나타난다. 황혼이혼과 신혼이혼이 확연히 다른 점은 가정법원에 합의이혼 판결을 받기 위해 대기하고 있는 모습에서도 나타난다.

1~2분도 채 되지 않는 합의이혼 판결을 받기 위해 법원 대기실에 줄을 서 기다리고 있는 이혼 대기자들 중에서 판사의 이혼판결 도장을 받기 직전까지 다투는 사람들은 대부분 황혼이혼자들이 아니다. 그들은 합의를 하고 이혼을 하러 왔음에도 불구하고 법원에서 당사자들끼리 다투고 그 싸움에 양가 집안사람들까지 가세를 하고 있다. 그 모습을 보면 남녀가 부부가 되고 가정을 꾸린다는 것이 얼마나 많은 노력을 필요로 하는 것인지 느끼게 된다.

1부
'홀몸'이란 현실

홀몸 남녀, 재혼시장에 서다

드디어 견디기 힘들었던 결혼생활을 끝내고 속박 없는 생활과 자유로운 이성교제가 이루어질 것 같은 홀몸이 되었지만 홀남 홀녀를 기다리고 있는 곳은 개펄과 같다. 자유를 만끽할 수는 있으나 감정적인 돌봄은 고사하고 기초생활에서부터 어려움에 봉착한다. 또한 사회적 시선으로부터 자유롭지 못한데 이는 부모형제에게도 마찬가지다.

이런 홀몸들이 버거운 상황을 탈피하기 위해 같은 홀몸 남녀를 만나려 모이게 된다. 그렇게 형성되는 곳이 재혼시장이다. 시장에는 유통 메커니즘이 있는데 재혼시장도 마찬가지다. 이 재혼시장 메커니즘을 모르고 자기 주관 대로 생각하다 보면, 원하지 않게 다시 상처를 받고 무릎이 꺾여 자신도 모르게 재혼시장의 미아로 전락하게 된다.

그래서 이런 현상을 보여주는 실제 사례를 소설 형식으로 꾸며 보았다. 각기 다른 사례들을 하나로 재구성해 만들었다고 하나 홀몸들이 충분히 조각으로 다시 나누어 사례를 들여다 볼 수도 있을 것이다.

/ 남자의 공포 /

가로등 불빛에 번들거리는 길 위의 빗물이 눈물 같다. 자동차 브러시가 움직일 때마다 후드득 붙었다 씻어지는 빗물은 사람 눈물 같아서 브러시를 끄자 금방 쪼르르 흘러내린다. 아파트 주차장에 차를 세우고 엘리베이터를 기다리는데 동네 사거리 코너에 있던 포장마차가 생각났다. 1층에 내려온 엘리베이터는 박과장을 태우지 않고 올라갔다.

이혼으로 외톨이가 된 박과장은 소주 한잔을 걸친 채 노래를 읊조리며 다시 아파트로 돌아갔다. 상처받은 영혼을 맞이하는 것은 텅 빈 방. 어느 시에서 그랬던 것 같다. '아내가 없는 방은 더욱 커 보인다'라고 말이다. 이혼 전까지는 그 말을 실감하지 못했던 박과장에게 집에 여자가 없다는 사실과 아이의 재잘거림을 듣지 못한다는 것은 참으로 견디기 힘든 일이다. 부부의 인연이 오래가지 못해 이혼했으나 어린 아들에 대한 미안함과 보고픔은 말로 표현할 수 없을 만큼 가슴을 짓누르고 있다. 양말도 벗지 않은 채 넥타이만 방바닥에 내팽개치고 침대에 누워 있다가 멀뚱멀뚱해지는 눈을 둘 곳이 없어 슬며시 컴퓨터를 켠다.

한밤중에 혼자뿐인 방에서 켜는 컴퓨터 화면은 주식동향도 아니고 어느 지역 보궐 선거 소식도 아니며 더더구나 중동에서 일어나고 있는 정권퇴진운동도 아니다. 이혼과 더불어 외로움이라는 그물에 걸려 한없이 작아지고 또 작아진 그 속에서의 몸부림이다.

포장마차에서 마신 소주 한 병에 얼큰하게 얼굴이 달아올라 모니터

옆에 놓여 있는 깡통커피를 입에 대고 마시는데, 이런 제기랄……. 아까 침대에 눕기 전에 깡통에 버린 담배꽁초가 입안에 쏙 들어온다. 가수 장기하가 부른 〈싸구려 커피〉라는 노랫말은 어쩌면 이혼 후 홀몸이 된 남자들의 이런 상황을 극사실주의로 표현했는지도 모를 일이다.

이혼이나 사별 등으로 배우자가 없는 홀남들은 누구나 절감을 하겠지만 집에 여자가 없으면 되는 일이 없다. 밥은 고사하고 양말이 어디 있는지도 몰라 아침 출근 때는 며칠 전 빨래통에 던져둔 양말을 다시 꺼내 신고 나갈 때가 허다하다. 이건 정말 암울한 공포다. 마치 전기장판 위에서 오리털 이불 덮고 늦잠을 자고 있었는데 엄마가 이불을 확 걷어가 버리고 전기마저 차단시켜 버린 것 같다. 그 정도면 낫겠는데 밥솥에 밥도 없고 엄마는 기약 없이 가버린 것 같다.

어릴 적 학교에서 돌아왔을 때 집에 엄마가 없다는 것을 확인하고 맛보았던 그 알 수 없는 공포감을 다시 느끼는 것은 아내가 없기 때문이라기보다 여자 자체가 없기 때문에 생활하며 느끼는 두려움이다.

어쩌면 남자에게 결혼이란, 엄마에게서 아내로 공간 이동되는 울타리 경계선일 수 있다. 엄마는 아들이 배고프면 밥을 줬고 짜증을 부리면 받아주었으며 잘못을 해도 야단만 쳤지 집을 나가거나 아들을 버리지는 않았다. 그런 믿음이 아내라는 여자에게 무의식적으로 전이되었는지도 모른다. 그래서 남자가 어떤 짓을 해도 아내가 집을 나간다든지 이혼이라는 것을 요구하리라고는 쉽게 상상하지 못한다. 그러니 이혼에 관한 잘잘못을 따지기 전에 분노가 치밀어 오른다. 아내의 부재에 대한 공포감이 혼재돼 괴로운 것이다.

박과장은 이혼신고를 하러 구청에 갔다가 발길을 돌려 집으로 돌아오면서 호주머니에 구겨 넣었던 이혼판결서가 정말 효력을 발휘할 줄은 몰랐다. 아이 엄마 그러니까 이제는 전처가 되어버린, 한때는 좋아서 만나 결혼하고 아이까지 낳아 영원히 옆에 있을 것 같았던 여자와 심하게 다투고, 다툼이 계속 파국으로 치달아 결국 홧김에 이혼장에 도장을 찍긴 했어도, 아이 엄마가 구청에 이혼신고를 해버릴지는 몰랐다. 아이를 핑계로 몇 번 만나 재결합을 은근히 제시했지만, 한 번 문지방을 넘어선 아내는 점점 아득히 멀어져 갔다.

그건 공포였다. 가정을 상실한 이혼남이라는 존재에 대한 의구심, 도대체 왜 이혼을 해서 혼자가 되어야 했는지 납득하기 어려웠다. 그리고 사회의 표준적 준거집단 속에 들어 있던 자신을 잃어버렸다는 느낌은 남자에게 공포였다. 같이 있다가 혼자가 되어버렸다는 외로움만이 두려운 것이 아니다. 이혼이 흉은 아니지만 자랑도 아닌지라 회사 동료들이 이혼 사실을 알까 봐 눈치가 보이는 것도 그렇고, 퇴근 후 집으로 돌아와 홀로 끼니를 해결해야 하는 것도 일상의 잔잔한 공포다. 무엇보다 아직 젊은 피가 온몸을 돌아다니는데 혼자 자야 하는 것은 좀 더 암울한 공포다.

공포와 함께 견디기 버거운 것은 무엇이 잘못되어 이 지경이 되었는지 가늠할 수 없다는 것이다. 아이 엄마에 대한 배신감과 증오심이 꺼질 줄 모르는데 세상은 자신을 심판한다. 아직까지 세상은 여자에게 구

44

체적인 이혼 귀책사유가 없는 한 대체적으로 이혼의 책임을 남자에게 돌리는데 그 심판을 전혀 인정할 수가 없다. 이혼한 사실은 인정하겠지만 이혼 귀책사유를 뒤집어쓰는 것은 견디기 힘들다. 이혼 초반에 홀남들은 대부분 이렇게 자기의 현실을 받아들이지 못한 채 몹시 흔들린다. 참으로 위험한 시기다.

이리저리 들끓는 마음에 벌떡 일어난 박과장이 컴퓨터를 켜고 검색해 보는 것은 결혼정보회사 홈페이지다. 퇴근 때 지나가는 버스에 붙어 있던 결혼정보회사 광고물이 언뜻 생각났기 때문이다. 언젠가 신문광고에서도 그 회사에 관한 광고를 본 적이 있었다. 이혼 전 전처와 심각하게 다툴 때까지, 아니 이혼법정에 합의이혼을 하러 들어가는 순간까지 결혼정보회사 광고물을 수없이 봐 왔겠지만 그때는 어디 눈에 들어왔던가.

모델들만 이혼하고 재혼을 하려나 보다. 왜 그리 미인들만 결혼정보회사 홈페이지 첫 화면을 장식하고 있는지 모르겠다. 게다가 그 여성들은 웬만한 남자들 직업과 경제조건보다 훨씬 낫다. 재혼 경험담에 올라와 있는 글들은 행복한 어휘로 가득하고 커플 사진은 장미 다발로 장식되어 있다. 게다가 원하는 이상형만 써넣으면 학력, 직업, 외모, 성격 등 모든 것이 완벽히 갖추어진 대상이 줄줄이 사탕으로 나열된다. 쇼윈도에 진열된 상품처럼 거주형태가 아파트냐, 빌라냐 하는 것까지 기재되어 있다. 이런 것을 보고 유식한 전문용어로 성혼대상 데이터베이스 시스템이라고 한다.

그중 마음에 드는 여성의 사진을 보고 상세 프로필을 검색하기 위해 바코드 찍듯이 마우스로 콕 찍는다. 그런데 프로필은 안 열리고 대신 박과장 자신의 이름과 전화번호를 입력하란다. 자기 이름인 박정수를 적어넣자 전화번호를 기재하는 칸에 가서 '끄응' 소리가 나온다. 기재하자니 뭔가 걸쩍지근하고 그냥 홈페이지를 나가자니 아쉽다.

이렇다면 박정수 과장 당신은 전혀 재혼할 준비가 안 되어 있는 것이다. 법적으로 홀몸이라고 해서 재혼을 할 수 있다고 여기면 천만의 말씀, 천부당만부당한 생각임을 어찌 알까.

/ 여자의 불안 /

친구는 백화점에서 산 구두가 마음에 들지 않아 교환하러 가야 한다는 말을 끝으로 전화를 끊었다. 한 시간 넘게 통화를 한 것 같다. 수다를 떨 때는 잠시 잊고 있었는데 전화를 끊고 나면 허무가 변기에 빠진 두루마리 화장지처럼 젖어온다.

남편이 장기 해외출장 중인 친구 경미는 요즘 팔자가 편한가 보다. 오전에는 헬스클럽, 오후에는 쇼핑으로 소일하다가 밤늦은 시간이 되면 어김없이 은영이에게 전화를 걸어 수다를 떤다.

"야, 은영아! 저녁밥 안 차리는 것만 해도 얼마나 편한 줄 아니? 세상 살 것 같다야. 그런데 이것도 다음 달이면 끝나. 남편이 귀국한대."

밥……. 그랬다. 정말 밥상 차리기 싫었다. 아침은 그냥 거른다고 치고 평일 저녁은 밖에서 해결하고 온다 해도 주말 저녁밥 차리기는 정말 싫었다. 다툼의 물꼬는 항상 밥에서부터 시작했고 자신도 모르게 식탁에 거칠게 내려놓는 그릇의 요란한 소리만큼 남편 아니, 아이 아빠 아니, 전남편 입에서 큰 소리가 튀어나왔다. 억지로 집어넣은 밥알들이 식탁에 튕겨져 나올 만큼 아이 아빠 목소리가 커질 때쯤 아이는 울음보를 터뜨렸으며 은영이는 대꾸를 집어치우고 아이와 함께 방으로 들어가 방문을 걸어 잠갔다.

이윽고 문이 부서질 듯이 아이 아빠가 발로 문을 찼다. 창밖에서 쏟아지는 빗소리를 삼켜버릴 듯 내지르는 고함소리도 들려왔다. 그 소리를 맞받아 치지 않고 아이와 함께 이불을 뒤집어쓰고 있었던 것은 이미 마음에 결심을 하고 있다는 증거였음을 아이 아빠는 모르고 있었던 것 같다. 아이 아빠는 눈치를 챘어야만 했다.

각 방 쓰기 6개월, 별거 1년을 거쳐 결국 친권은 아이 아빠, 양육권은 은영이가 맡기로 하고 이혼 수순을 밟고 말았다. 그 와중에 신경정신과 부부클리닉 상담도 받았지만 도움이 되지 못해 미안하다는 의사의 말만 들었을 뿐 부부관계의 회복은 불가능했다.

불가능한 것은 아이 아빠와 부부로서 관계이지 인생 회복이 불가능한 것은 아니라는 판단이 섰다. 그래서 한시라도 빨리 가정법원에 갈 날을 손꼽아 기다렸고 합의이혼 확정판결을 받고 구청에 이혼신고를 하러 갈 때에도 전혀 머뭇거리지 않았다.

씩씩해야 했다. 무소의 뿔처럼 혼자서 씩씩하게 가리라 했다. 그물에 걸리지 않는 바람처럼 소리에 놀라지 않는 사자처럼 말이다. 그런데 놀랍고 켕기는 게 드디어 오고야 말았다. 어린이집에서 가족 사진을 보내라고 하는 것이다. 뭔가 얹힌 듯 속이 탁 막혔다. 외할아버지 외할머니와 찍은 사진을 보낼 수도 없고, 그렇다고 엄마랑 둘이서만 찍은 사진을 보내면 행여 보이지 않는 차별을 받게 되는 건 아닌지 마음이 편하지 않았다.

속이 막히는 또다른 이유는 친정 부모님의 표현할 수 없는 눈빛 때문이었다. 시냇물에 떠내려가다 여울목에서 뒤집어진 채 맴돌고 있는 종이배를 망연자실 쳐다보고 있는 듯한 눈빛은 은영이 가슴을 짓눌렀다. 딸의 이혼 사실을 친인척에게 숨긴 채 외손자를 돌보고 있는 친정 부모 집에 들어와 사는 것은 다시 직장생활을 해서 홀로서기를 해야 하기 때문에 어쩔 수 없는 것이었지만, 결혼 전의 딸과 이혼 후의 딸이 어디 친정 부모에게 같을 수 있으랴.

경미가 전화 말미에 이렇게 말했다.

"야, 은영아! 결혼정보회사에 재혼클럽이 따로 있대. 가입해서 남자 한번 만나 봐, 당장 재혼까지는 안 하더라도 연애 정도는 할 수 있지 않겠어?"

새로 남자를 만나 봐야겠다는 생각은 어렴풋이 갖고 있었던 터였다. 그러나 남자를 만날 수 있는 방법을 찾지 못했다. 아가씨 때야 만나는 사람들이 죄다 미혼이었는데 이혼하고 나서 홀몸이 되어 보니 세상 사람들이 죄다 유부남 유부녀들이다. 어디서 남자를 만날 수 있단 말인가. 이마에 '나 이혼녀요'하고 써 붙이고 다닐 수도 없고, 회사에서는 행여 이혼녀라고 남자직원들이 우습게 알고 함부로 대할까 봐 걱정이 태산이고, 같은 여자라도 이혼녀라면 얕잡아 볼 것 같았다.

이혼이 흉은 아니지만 자랑도 아닌지라 내놓고 말하고 다니기가 힘들었다. 그런데 정작 중요한 것은 기혼녀처럼 다니니 도무지 남자를 만날 길이 없다는 것이다. 이럴 때는 할 수 없이 사람시장에 가야 한다. 이혼이나 사별 등으로 다시 홀몸이 된 사람들이 모여드는 재혼시장에 가야 사람을 만날 수 있지 않겠는가.

그나저나 이혼도 안 해 본 경미가 어떻게 재혼회사 이름과 가입비가 대략 얼마고 몇 명 정도 만나게 해주고 사람 만나는 체계가 어떻고를 알까 생각해 보니 경미가 결혼정보회사를 통해 지금의 남편을 만나 결혼을 한 것이 떠올랐다.

사실 제일 얄미운 친구가 경미다. 학교 다닐 때 제일 예뻤고 예쁜 것이 공부도 잘하는데다가 연애까지 잘해 더 얄미울 수밖에 없었다. 얄미운 친구들 중에 제일 얄미운 것이 시집도 잘 가서 잘 먹고 잘 살고 있다. 학교 다닐 때 신나게 연애하던 남자들은 다 접어 버리고 결혼정보회사에서 남자를 골라 결혼하더니 별 무리 없이 남편밥 잘 먹고 편안하게 살고 있는 것이다.

은영이는 학교 때 만난 박정수와 사랑에 빠져 연애를 했으니 당연히 결혼해야 한다고 생각했다. 그리고 진취적인 은영이의 의식에 동지 역할을 해준 박정수와의 결혼은 부모님의 반대에도 불구하고 꼭 이루어야 할 이상의 현실화였다.

그러나 연애와 결혼생활은 같지 않았다. 신세계가 기다리고 있지도 않았다. 어쩌면 새로운 남자를 만나보면 신세계가 펼쳐질지도 모를 일이었다. 사람은 각각 하나의 작은 우주니까 말이다.

무엇보다 불안의 바다에서 홀로 둥둥 떠 있는 느낌은, 외로움이나 혹은 앞으로 어떻게 살아가야 하는가에 대한 불안보다는 친정 부모에 대한 죄책감과 더불어 날마다 수다를 같이 떨어주는 경미와 비교했을 때 욕망의 불안에 가까운 것이었다. 현실은 무소의 뿔은커녕 무소가 뿔이 있는지 없는지도 의심을 하게 만들었다. 그리고 더 이상 친정 부모 그늘 아래서 신세 질 상황도 아니었다. 은영이 여동생이 올해 결혼을 하는데 제부될 사람을 볼 엄두가 나지 않았다.

이래저래 친정집에 계속 있을 수 없는 노릇이라 내일 당장 경미가 가르쳐 준 결혼정보회사에 가서 상담을 해 볼 작정을 하고 이불을 뒤집어쓰는데 학교 다닐 때 과제물로 조사했던 게이트 쇼팬이 쓴 《각성(The Awakening, 한국에서는 〈이브가 깨어날 때〉로 번역출판 되었다)》이라는 책에서 여주인공 에드나가 한 말이 생각난다.

"평원으로 높이 솟아오를 새는 반드시 탄탄한 날개가 있어야 한다. 허약한 새들이 상처를 입고 떨어져서 다시 지상으로 되돌아오는 것을 본다는 것은 아주 슬픈 일이다."

/ 불행 사서 행복 파는 커플매니저 /

칸막이 좁은 부스에 앉아 있는 커플매니저들은 무전병들처럼 헤드셋을 끼고 인생의 한 지점에서 불행에 맞닥뜨려 방황하는 영혼들에게 희망의 메시지를 쉼 없이 날리느라 바쁘다. 눈밭에 갇힌 사람에게 탄을 보내라 해서 설중송탄雪中送炭이라고 했다. 가슴 시린 사람들에게 보내는 위로와 희망의 말 한마디는, 더듬거리며 들려오는 수화기 건너편의 소리를 이어지게 만든다.

커플매니저 최여사는 이제 막 상담실에서 나온 초췌한 낯빛의 중년 여성 한 명을 배웅한 뒤 자신의 자리에 앉아 심드렁한 표정으로 모니터를 쳐다보고 있었다. 박정수라는 남자의 전화번호가 새로 떴지만 바로 전화를 걸지 않는 것은 방금 상담을 마치고 간 여성 때문이다. 심심찮게 들어오는 상담이지만 그때마다 난감하다. 그냥 이혼을 한 다음 오시라고 끊어서 말하면 될 일이지만 하소연부터 시작하는 것을 딱히 물리칠 방도가 없다. 잠시 사연을 듣고 있다 보면 하루 종일 시간을 허비하게 된다. 가정법률상담소나 여성의 집에 먼저 가서 상담을 해야 할 여자가 재혼회사를 찾아오는 것은 장래 고객 확보 차원에서 도움이 될 수도 있겠으나, 엄연히 법률상 이혼이 된 상태만 회원으로 가입할 수 있는 것을 어쩌랴. 남편과 이러저러한 연유로 별거 상태인데 재혼을 할 만한 남자가 있으면 이혼을 하겠다고 훌쩍거리며 하소연을 하는데, 보다 나은 삶을 위해 불행한 결혼생활을 청산하고 재혼을 하라고 권할 수도 없는 노릇이다.

그렇다고 참고 살아 보라고 하기도 그렇다. 상담을 하다 보면 부부가 극복할 길이 있는 경우도 있지만 하루라도 빨리 이혼을 해서 새로운 삶을 찾는 것이 낫겠다고 생각되는 경우도 있기 때문이다. 하지만 가정상담사가 아닌 재혼상담사인 이상 이렇다저렇다 말해줄 수 없는 입장이다. 그냥 결혼정보회사의 재혼클럽에 가입을 하려면 법적으로 엄연히 이혼을 한 상태만 가능하다고 대답해주고 나니 그 대답이 참 애매모호하다. 이혼을 하라고 한 것인지 어쩌라고 한 것인지 말이다.

간혹 정신적 이혼상태라고 주장하며 찾아오는 사람들을 보면 딱한 마음에 위로라도 해주고 싶지만, 재혼은 법적 독신인 사람이 재혼을 통해 가정을 만들고 싶은 마음이 단단히 자리잡고 있어야 가능한 일이다.

커플매니저 최여사는 사람을 곁눈으로 슬쩍 살펴보기만 해도 왜 이혼을 했는지 점쟁이처럼 알아낼 수 있다. 그것뿐이랴? 어떤 이상형을 원하는지 족집게처럼 찍어낸다. 거기에 맞는 짝을 붙여 주기만 하면, 열에 아홉은 두 번 이상 만남을 갖고 50% 이상 성혼 성사율을 보여주는 그야말로 족집게이다. 재혼을 망설이는 홀몸이라 하더라도 커플매니저 최여사만 만나면 가입을 하게 되고 맞선 자리에 나가게 되는 것이었다. 보험회사에 신화가 있다면 재혼업계에도 신화의 주인공이 있다. 재혼업계 별 중의 별이 커플매니저 최여사인 것이다.

최여사는 오후에 상담 약속이 잡힌 여성의 이름을 상담실에 부착하기 위해 프린팅을 하는 동안 박정수에게 전화를 건다.

"박정수 과장님이시죠, 통화 괜찮으세요? 네, 저는 ○○결혼정보회사 상담사 최영주예요. 요즘 많이 힘드시죠."

프린터에서 한은영이라는 이름이 프린팅되어 나오는 그 사이 이미 최여사는 박정수 과장이 이혼서류에 도장 찍은 지 2년이 채 되지 않았고, 아직 전처에 대한 미련이 남아 있으며, 무척 외로운 상태라는 것을 감지한다. 이런 상태에 있는 사람에게 무조건 재혼을 권하면 거부반응을 일으킨다. 이럴 때는 침착하게 여성으로서 남성의 외로움을 이해해 주고 어루만져줘야 한다. 그러면 자연스럽게 찾아오게 되어 있다.

"여러 가지로 도움이 되어 드릴 수 있어요. 부담 갖지 말고 제 전화번호를 문자로 보내 드릴 테니 나중에 생각나시면 저에게 전화 주세요."

이 정도 선에서 박정수라는 남자를 확인하고 문자를 찍어 보내면 된다. 이제 박정수 과장은 자신이 어젯밤 술김에 열어 본 결혼정보회사 재혼클럽에 괜히 전화번호를 기재해 놓았나 싶은 생각이 들겠지만, 한편으로는 재혼을 시작하는 계기가 될 수도 있을 것이다.

최여사는 박과장과 전화를 끊고 나서 프린트되어 나온 한은영의 이름을 상담실 명패에 꽂고 시계를 보았다. 오후에 상담을 하러 오겠다는 약속이 되어 있기 때문이다. 오늘 또 방황하는 한 명의 영혼을 구원하는 것이다. 공인중개사가 비바람을 피하고 육신이 쉴 집을 구해주는 것이라면 재혼 커플매니저는 갈 곳 없이 방황하는 영혼을 연결해주는 것이니 공인영혼중개사라고 해야 할 것이다. 최여사는 자기가 이혼 전성시대에 반드시 필요한 전문 인력이라고 자부한다. 그동안 최여사가 공인재혼커플매니저 아니, 공인재혼영혼매칭중개사 역할을 해 오면서 가장 흐뭇했던 적이 연결해 준 남녀가 재혼을 하여 행복하게 잘 산다고 찾아와 고마움을 표할 때였다.

'스님, 목사님, 신부님만 흔들리는 영혼을 구도하는 것이 아니다. 실제적이고 현실적이며 가시적인 영혼 구도는 나 최여사가 더 나은 것 같다. 삶의 길목에서 날개가 꺾인 영혼들이 내게 온다면 얼마든지 구해줄 수 있다. 내가 골라 준 사람을 만나기만 하면 행복은 펼쳐지노니, 쓸데없이 점집에 가지 말고 운명을 개척하겠다는 정신으로 재혼전문상담사인 나를 찾아오면 된다.'

이러한 자기암시를 다시금 되새기며 최여사는 배정된 상담실 문에 한은영 이름을 갖다 붙이고 티슈를 탁자 위에 놓았다. 커플매니저 아니 재혼상담사가 단순히 짝만 연결해준다 생각하면 섭섭한 말씀이다. 먼저 아픈 영혼의 내면을 보듬어 주고 닦아 주어야만 이성 만남도 부드러워지는 법이다. 또 각 개인의 특성과 현실적인 부분을 고려해 섬세하게 이끌어 주어야만 진정한 재혼상담사라고 할 수 있다. 영혼의 멘토까지는 아니더라도 인생 리모델링 멘토는 할 수 있어야만 한다.

/ 홀몸녀의 현실 /

약속시간을 약간 넘겨 결혼정보회사 문이 살며시 열렸고 은영이가 조심스럽게 최여사를 찾았다. 은영이가 이렇게 결혼정보회사를 찾아온 것만 해도 대단한 용기가 필요했다는 것을 최여사는 이미 알고 있었다. 사람들은 이혼을 하고 나면 언제든 재혼을 할 수 있을 거라고 막연한 자신감만 갖고 있다가 세월 다 흘려보낸다. 그리고 막상 재혼을 하고자 할 때에도 막연한 생각으로 임하는 경우가 태반이라 짝을 맞춘다는 것이 여간 힘든 일이 아니다. 어쩌다 짝을 맞춘다 해도 재혼은 초혼과 그 성질과 형태가 엄연히 다른 것임에도 불구하고 초혼처럼 모든 것을 기대하다가 실망하고 좌절하는 경우가 많다. 어차피 그런 시행착오는 거쳐야 한다. 그리고 그 시기는 빠를수록 좋다. 그런 차원에서 최여사는 은영이가 용기 있는 여자라고 평가한다.

상담실 테이블에 앉자마자 최여사는 한은영을 스캔했다. 나이는 서른 중반에서 후반, 이혼사유는 성격차이, 자의식이 강하고 진취적이며 자기의사가 분명할 것 같고, 이상이 맞으면 적극적으로 나설 것 같은 유형이다.

"많이 힘들죠. 나도 이혼을 해봐서 알아요."

상담실에 앉아 서먹해하는 은영이를 향해 최여사가 던진 첫마디는 이랬다. 순간 은영의 동공은 풀려버렸다. 요즘 이혼을 인생 마라톤 반환점 정도로 생각하고 재혼은 필수, 삼혼은 선택이라고 하지만 은영은 너무 일찍 갔다 와 버린 것인지 주변에 이혼한 친구가 없었다. 그런 친구가 있어야 동병상련으로 수다를 떨든 치를 떨든 각오를 다지든 할 것인데 한 명도 없었다. 부모형제도 이혼을 안 해 봤다면 이혼의 아픔이 뭔지 모를 수밖에 없다. 어디 가서 속내를 드러내놓고 말할 상대가 없어 아쉬웠는데 최여사의 한마디로 질곡의 삶 가운데서 구원군을 만난 듯했다.

"나는 전남편이 폭력을 행사했어요. 원래 그랬던 사람은 아니었는데…… . 얼마나 견디기 힘들었던지…… ."

은영이는 테이블에 앉은 지 불과 5분도 되지 않은 상태에서 티슈를 뽑아 최여사에게 건네주었다. 최여사가 눈물을 훌쩍이고 있었기 때문이었다. 이쯤 되면 누가 누구를 상담하고 있는지 분간이 되지 않는다.

"그땐 죽을 만큼 힘들고 어려운 선택이었어요. 이혼하고 나서는 몇 년 동안 외로움에 지쳐서 혼자 술도 마셔보고 그랬는데 그때 인생 터닝 포인트를 찍으려고 그랬나 봐요."

"어머 그럼 재혼하셨어요?"

묻지도 않은 인생살이 경험담을 주저리주저리 쏟아내는 최여사 말 도중에 은영이가 끼어들었다. 살포시 미소를 지으며 고개를 끄덕이던 최여사는 바로 이 결혼정보회사에서 지금의 남편을 만나, 물질적으로 풍족하지는 않지만 심리적으로 안정되게 살고 있고 그게 계기가 되어 지금 재혼상담사 일을 하게 되었다고 말을 이었다. 거기까지 말하고 나서 최여사는 말을 멈춰야 했다. 은영이가 훌쩍거렸기 때문이었다.

최여사는 은영이의 입에서 나오는 울음 섞인 전남편에 대한 원망을 들으며 티슈를 뽑아 건네주었다. 은영은 한참 동안 자기 이야기를 두서없이 쏟아냈다.

"주먹을 꽉 쥔 상태에서는 손을 잡을 수 없어요. 이제 마음을 풀어야

해요. 길을 걸어야 강도도 은인도 때론 나의 인연도 만날 수 있는 거예요. 뒤늦게 짝을 찾으려 하면 그만큼 힘들어져요. 초혼도 알맞은 때가 있듯이 재혼도 때가 있는 거예요."

은영이는 아직은 두렵고 용기가 나지 않는지 최여사에게 이 말을 듣자 손만 만지작거렸다. 한 번의 실패가 가져다준 두려움은 새로 떠나는 길을 막는 최대의 적이다. 더구나 이혼 후 몇 년 동안 습관처럼 되어 버린 외로움이 서서히 벽을 쌓고 있었고, 그 벽이 단단해져 가고 있음을 자신도 느끼고 있었던 터였다.

중독된 고독이라고 했나? 고독도 중독이 되니 거기서 헤어나지 못할 것 같았다. 혼자 평생 먹고살 재산이 있고 친정집에 거주할 필요가 없다면 굳이 재혼을 하려고 나서겠나 싶기도 했다. 아직 젊은데도 말이다.

그러나 현실은 자꾸 혼자라는 존재를 위협하고 공격해 왔다. 외로움 따위는 사치라 생각할 수 있었지만 당장 어린 아들과 함께 생활하는 것이 너무 힘에 벅찼다. 밤에 잘 때는 무서워서 몇 번이고 현관문이 잘 잠겼나 확인을 했다. 일터에 가서는 행여 누가 이혼녀라고 무시할까 봐 전전긍긍했다. 아들을 어린이집에 보낼 때는 아빠가 없다는 것이 드러날까 봐 그도 공포스러워 염치불구하고 친정에 들어갔다.

그때서야 어린 아들이 할아버지 손잡고 어린이집 차량에 올라타는 것이 안심되었고 적어도 밤에 잘 때 현관문 확인을 하지 않아도 되었다. 하지만 친정 부모의 한숨 소리는 가슴을 후벼 팠고, 내일모레 여동생이 결혼하는데 어디에 숨어야 할지 모를 일이었다. 어린이집에서 엄마 아빠랑 찍은 사진을 보내라고 하는 전화에는 무릎이 꺾이고 말았다. 그럴 때마다 아이를 안고 베개에 흘린 눈물은 친정 부모도 모른다. 그건 이혼이라는 사실 자체보다도 인정할 수 없는 자신의 인생에 대한 분노의 눈물일 것이다.

그런데 아직 우리나라 사회는 이 눈물을 닦아 줄 만큼 사회 정서적으로나 시스템적으로 열려있지 않다. 상처 없는 영혼이 어디 있겠고 접어보지 않은 날개가 어디 있을까 만은 말이다. 이혼으로 홀몸이 된 은영이가 영리를 목적으로 운영되는 결혼정보회사 커플매니저 앞에서나 눈물을 흘릴 수 있다면 이 사회는 아직 더 열어야 할 곳이 많고 그곳에 따뜻함을 더 심어야 할 사회가 아니겠는가.

/ 홀몸남의 현실 /

결혼정보회사 상담실 재떨이에 담배꽁초가 수북이 쌓였다. 남자가 왔을 때는 티슈 대신 재떨이를 준비해 놓는다. 박정수 과장처럼 좁은 상담실 안에서 줄담배를 피워대는 경우는 아직 마음 정리가 안 된 상태를 보여준다. 커플매니저 최여사가 근 한 달 동안 전화 통화를 시도한 끝에 겨우 회사로 오게 만들었으나 당장 가입을 하여 여자를 만나기는 힘든 상태라는 것이다.

박과장이 상담실에 들어온 지 30분이 지났다. 그동안 겨우 직장과 나이 정도만 대답했을 뿐 희망하는 여자에 대해서 일언반구도 없이 줄 담배만 피워댔다. 이혼 초창기에 여자가 변신을 빨리하는 반면에 남자는 더디다 못해 애벌레로 되돌아가는 것처럼 꿈지럭거리는 것은 이혼에 대한 충격흡수가 더 떨어지기 때문이다.

막 태어난 갓난아기 때부터 이혼 전까지 남자의 삶은 어머니에서 아내에게로 이전되었을 뿐 거의 여자의 치마폭에서 영위되었는데 갑자기 그 치마폭이 거두어졌으니 손발이 자유로워도 불구의 생활이나 다름없어진다. 상당수 남성들이 이혼을 후회하는 이유 중 하나가 당장 생활이 주는 말할 수 없는 불편함 때문이다. 여자가 친정으로 다시 들어가는 경우가 적은 반면 남자는 할 수 없이 궁여지책으로 어머니의 신세를 질 수밖에 없어진다. 솥뚜껑을 어머니가 다시 운전하게 해서 정말 죄송스럽다고 표현하는 홀몸 남성들의 이 말에는 생활의 형태에서 남성의 온전하지 못함을 여실히 드러낸다. 게다가 남성이 자녀까지 양육을 해야 하는 상황이라면 어머니 등 다른 여성의 도움을 받지 않고서는 한국사회에서 남자 혼자 생활을 한다는 것은 참으로 힘들고 힘든 일이다. 반면에 여자는 남자 없는 상태에서도 자녀 양육과 생활을 해나가는데 이런 걸 보면 생활에 있어 약하고 아쉬운 쪽은 남자다.

그럼에도 불구하고 이혼 후 재혼에 이르는 시기가 남자보다 여자가 더 빠르다는 것은 아이러니한 통계다. 그만큼 남성에 비해 여성의 현실 적응 속도가 빠르고 자기정리 기간이 짧다는 것을 반증하는 것이다. 전 배우자에 대한 미련의 강도가 여자보다 남자가 훨씬 강한 것도 어쩌면 남자의 생물적 습성과 한계 때문이 아닐까 여겨진다. 싫든 좋든 자기 동굴을 상실한 남자는 비 내리는 초원의 땅바닥에 주저앉아 눈을 감고 있는 수사자의 모습을 연상하게 만든다.

상담실에 앉아 담배만 연신 피우고 있는 박정수 과장 역시 바로 그런 모습이다. 이혼 후 남자가 재결합을 요구하는 경우가 많은데 박과장도 아이 장래 문제를 내세워 궁색하게 손을 다시 내밀어 봤다. 그러나 돌아오는 것은 지난날에 대한 악감정뿐이었다. 그런데도 결혼정보회사 상담실에 들어와 있는 것조차 전처에게 바람을 피우는 것 같은 이상한 양가감정을 느끼고 있는 것은 아직 마음 정리가 안 되어 있기 때문이다. 이런 상태를 알아챈 최여사는 세상에 여자가 아이 엄마만 있는 것이 아니라는 것을 보여 주는 것도 마음을 정리하는 데 도움이 되기에 혹시 마음에 드는 여성이 있는지 검색해 보라고 여성회원 프로필이 담긴 노트북을 갖다 주었다.

오늘은 최여사가 바쁜 날이다. 오전부터 상담 건이 밀려 있고 오후에는 은영이를 겨우 첫 매칭 시키는 날이기 때문이다. 남산에 있는 호텔 커피숍으로 가서 남자를 만나라고 말하긴 했다. 은영이가 마지못해 나가보긴 한다고 했지만, 약속이 어긋나면 커플매니저 신뢰에 타격을 받는 것이라, 약속 장소로 가고 있는지 확인 전화를 걸어봐야 하는 것이다.

상대 남자는 이미 커피숍에 도착해서 은영이를 기다리고 있었다. 조금 까다로운 만혼자다. 안정된 중학교 교사라 첫 만남으로 더함도 덜함도 없이 무난할 것 같아 최여사가 조합을 해 본 것이다. 은영에게 전화를 걸어보니 조금 늦을 것 같다는 대답이다. 최여사는 바로 상대 남자에게 전화를 걸어 양해를 구한 다음 박과장이 앉아 있는 상담실로 들어갔다.

줄탁동시啄啄同機라고 했다. 신세계가 있다는 사실을 모른 채 웅크리고 있는 박과장에게 빛을 보게 해줄 필요가 있는 것이다. 과거를 털어버리지 못하고 깨진 알 속에서 신음하고 있는 사람에게는 누군가가 도와주어야 한다.

"마음에 드는 여성이 있나요?"

최여사가 고개를 떨구고 담배를 피우고 있는 박과장에게 물었다. 대부분 남성들은 여성의 프로필 사진들을 보다가 예쁜 여자가 눈에 띄면 한참 들여다보면서 그 여성과 자신을 연결시켜 본다. 그런데 박정수 과장은 사뭇 다른 표정을 짓고 있는 것이 요상하다 싶다. 아무래도 상처가 깊고 좀 더 자기정리 시간이 필요로 할 것 같아 성급히 가입을 권하지 않고 누님 같은 입장에서 조언을 해줘야 할 것 같다.

"혼자 생활이 길어지면 길수록 몸과 마음만 더 망치게 되어 있어요. 아마 밥도 제때 챙겨 먹지 못할 거예요. 혼자서 술도 자주 먹을 텐데 우울증만 키울 위험성이 커요. 하느님은 한쪽 문을 닫으면 다른 쪽 문을 열어 두신다고 했어요."

최여사가 침착하게 조언을 해나가고 있는 동안 박과장은 담배만 피우고 있었다. 그러다 갑자기 헛기침을 하면서 담뱃갑을 호주머니에 집어넣었다. 이를 본 최여사는 차후를 생각하여 한마디 더 던져 놓아야 했다.

"첫발을 내딛기 힘들어서 그렇지 새 땅이 펼쳐져 있어요. 인연은 또 있고 재혼은 이혼 후 3년 안에 해야지 그 기간을 넘기면 힘들어져요. 아직 젊으니 초혼처럼 살 수 있어요."

최여사의 말이 채 끝나기도 전에 박과장은 자리에서 벌떡 일어나 상담실을 나가려고 했다. 아무래도 가슴을 뭔가가 막고 있어서 새출발을 하기가 쉽지 않을 것 같아 보였다.

"여자들은 새 남자가 있으면 날름 찾아가나 보죠……."

박과장은 혼잣말인 듯 웅얼거리며 상담실을 나와 전화를 드린다는 말을 최여사에게 남기고 사무실에서 빠져나갔다. 박과장처럼 마음 정리가 안 된 사람은 아무리 설득을 해도 쉽게 가입을 하지 않기 때문에 몇 달후 다시 연락을 해보리라 마음먹는 것으로 상담을 마치고 말았다.

결혼정보회사 건물을 나온 박과장은 다시 담배를 꺼내 입에 넣으려하는데 잘 넣어지지 않고 옆으로 샌다. 떨리는 손으로 간신히 담배를 입에 꽂고 불을 붙여 필터를 빨아 보는데 터질 것 같은 가슴에 담배 연기는 빨려 들어가지 않고 인생 쓴맛 같은 담뱃가루만 입에 가득 들어와 서걱거린다. 담배를 거꾸로 물었던 것이다. 담배를 내동댕이치고 새 담배를 꺼내 물어 간신히 불을 붙였는데 입 밖으로 터져 나오는 담배연기에 욕지거리도 섞여 나온다.

박과장은 눈에 보이는 곱창집 문을 거칠게 열고 들어섰다. 아줌마가 조심스레 물수건 올린 쟁반을 들고 다가왔다.

"혼자라예? 곱창은 1인분 안 되는데예?"

곱창 1인분만 주문 안 되는 줄 안다. 혼자 술 먹으러 들어와도 항상 안주는 2인분을 시켜야 한다. 홀몸이 되었으니 모든 것이 1인분이어야 하는데 모든 것은 2인분을 요구한다. 아파트도 방 하나면 되는데 방 하나짜리 아파트는 없다. 차도 조수석이 필요 없는데 조수석은 괜히 붙어 있으며, 술집에 들어오면 쓸데없이 의자가 앞에 또 있다. 월급은 1인분인데 아이 양육비는 계속 나가야 하고 심장은 하나이나 가슴은 두 개라서 빈 가슴을 술로 채워야 한다. 그나마 남은 가슴 한쪽도 총 맞은 것 같다.

"술은…… 뭘로 드릴까예?"

"초혼처럼!!"

곱창집 아줌마가 조심스레 탁자에 물병을 올려놓고 주문을 받다가 화들짝 놀라 쟁반을 떨어뜨릴 뻔했다. 아직 피가 끓는 젊은 남자가 혼자 술 먹으러 왔으면 뭔가 뒤틀려 있는 것이니 조심해야 하는 것이며 매상에도 도움이 안 되는 손님이다.

"아침이슬, 후레쉬, 참이슬, 처음처럼 소주 이렇게 있는데예?"

"초혼처럼 달라니까요 !"

"아! 처음처럼 예…… 알겠심더."

초혼처럼……. 커플매니저 최여사가 초혼처럼 시작할 수 있다고 했다. 여자가 생각나지 않는 것은 아니었지만 그렇다고 패자부활전에 나설 생각은 없었다. 여자야 술집에 가도 많고 요상한 인터넷 채팅 사이트에도 많다. 하지만 명색이 가정을 갖고 있었고 아이가 있는 남자가 그런 곳을 들락거리는 것은 자존심을 뭉개지 않고서는 힘든 일이다. 그곳은 언제든 돌아갈 울타리가 있는 유부남들이나 가는 곳이지 홀몸 남자들은 곱창집서 소주나 마시는 것이다.

소주가 탁자에 올려지자마자 병뚜껑을 거칠게 따서 한잔 벌컥 목에 부었다. 목구멍을 긁고 내려가는 소주가 위장에 채 닿기 전에 박과장은 탁자에 소주잔을 탕! 소리가 나도록 내려놓고 눈을 부릅떴다. 아이가 있기 때문에 아이 엄마를 잊을 수는 없겠지만 과거는 지우기로 했다. 춘천 가는 기찻길을 둘이 손을 잡고 걷던 일, 결혼식을 올리고 신혼살림 재미에 빠져 행복해하던 날들, 아이를 낳아 기저귀 갈고 목욕시키며 키우던 것들…….

사소한 언쟁으로 시작된 갈등이 자존심 싸움으로 번져 각 방을 썼다. 급기야 아이 엄마가 보따리를 싸들고 친정으로 가버렸다. 자기 발로 돌아오기 전에는 절대 처가에 가서 데려오지 말라는 어머니의 엄명이 내려지고 걷잡을 수 없이 파국으로 치달아 가던 날들. 결국 이혼법정까지 가서도 자존심을 굽히지 않고 도장을 힘주어 찍었지만 구청에 이혼신고를 하러 가다 다시 되돌아와서 책상 서랍에 처박아 둔 이혼신고서를 찢어버리기로 했다. 합의이혼 판결을 받았지만 설마 아이 엄마가 이혼신고를 할까 싶었다. 그러나 아이 엄마 은영이는 보란 듯이 먼저 이혼신고를 해버렸다. 그래도 박과장은 하지 못했다.

둘 중 한 명만 신고를 하면 되는 것이라서 그런 것이 아니다. 결혼생

활에 대한 남자와 여자의 개념차이 때문이다. 이런 남녀의 개념차이를
이해하지 못하고 자기정리가 안 된 상태에서 새로운 여자를 통해 이혼
의 아픔을 잊으려 한다면 어떤 여자를 만나든 헤어짐이라는 아픔을 다
시 겪을 수밖에 없을 것이다.

그래도 박과장은 미련이고 연민이고 뭐고 남겨 둘 필요가 없다고 생
각한다. 아까 상담실에 여성 프로필을 호기심으로 살펴보는 중에 한
여자 사진이 모니터에 뜨는 순간 박과장은 자신의 눈을 의심하며 비볐
다. 분명 아이 엄마 은영이었다. 나이와 출신학교 모든 것이 맞아떨어
졌다. 아이 엄마 그러니까 이제는 전처인 은영이가 예쁜 척 화장을 한
얼굴로 사진을 찍어 뭇 남성들 눈에 진열되어 있었다. 은영이가 초혼처
럼 남자를 찾으려 하는 이상 박과장 자신도 더 이상 궁색하게 살 필요
도 양육비를 보낼 필요도 없다는 결심에 이르자 소주병이 목구멍에 꽂
혀 있었다.

/ 홀몸녀를 대하는 보편적 편견 /

박과장이 시커멓게 탄 곱창을 소금에 잔뜩 찍어 입안에 넣고 우물거
리며 전의를 다지고 있는 동안, 은영이는 호텔 커피숍에서 마주앉은 남
자의 구두를 훔쳐보고 있었다. 모기가 앉으려다 미끄러질 정도로 반질
거렸다. 바지주름은 날카롭게 날이 서 있었다.

만혼인 학교 선생님이 맞나……. 신혼 초 은영이가 전 남편 박정수 양복바지를 다리기 위해 스팀 다림질을 제아무리 해도 저 정도로 바지 주름을 세울 수 없었다. 돈 주고 구두를 닦아도 저렇게 반질거리도록 닦지는 못했을 것이다. 예의를 갖추려 깔끔한 복장으로 나왔겠지만 오히려 은영이를 편안하게 해주지 못했다. 단정한 복장을 원하는 것이지 어디 저렇게 마네킹에 옷 입혀 놓은 것 같아서야 여자가 힘들어서 버틸 수 있을까 싶었다. 커피도 흐트러짐 없이 잔을 들어 후르르 소리가 들리지 않게 야금야금 마시는데 숨이 탁 막히는 것 같았다. 결혼생활 때야 아이를 키우고 있으니 격식 갖춰 커피를 타서 줄 여유도 없었고 그냥 봉지커피를 밥그릇에 타서 물 마시듯 쩝쩝 마시게 하고 대충 구겨진 바지 내밀어 남자 출근시켰다. 그런데 앞에 앉은 남자는 그럴 수 있을 만큼 편한 남자로 보이지 않았다. 괜히 가슴이 답답해 오고 처녀 시절에도 해보지 않았던 맞선이라는 것을 보고 있자니 불편하고 어색하기 짝이 없었다.

대충 이야기를 끝내고 자리를 뜨고 싶은데 남자는 의무적으로 이것저것 물어온다. 마치 매뉴얼에 맞추어서 순서대로 묻고 있는 것 같았다. 그것도 일일이 대답하기 힘든 일인데 생각해 보니 은영이가 전혀 정리가 안 된 질문들만 하고 있었다. 재혼을 하게 되면 맞벌이를 하실 생각이냐, 자신은 교직에 있어서 안정적이긴 하지만 넉넉한 생활은 하지 못한다, 아이가 있는 것으로 알고 있는데 친권도 갖고 있느냐 등. 누가 당장 자기하고 결혼하자고 했나? 솔직한 것은 좋지만 처음부터 무슨 방정식 풀자는 것인지 질문 자체 하나하나가 황당한 느낌마저 들고 있었다. 아마도 앞에 앉은 남자는 지금껏 여자들과 맞선을 보면서 고정된 질문을 되풀이하고 있는 것 같았다. 그렇다면 여자들도 마찬가지로 비슷한 형태의 질문들을 했을 것이다.

사실 이렇게 결혼정보회사에서 비싼 회비를 내고 만들어진 맞선 자리에서는 여자가 먼저 남자에게 이것저것 물어보기도 한다. 그 역시 대답에 준비가 안 된 남자라면 기분이 좋을 리 없는 것이겠지만 말이다. 초혼이 됐든 재혼이 됐든 서로 감정이라는 것이 통하고 그것이 싹터 사랑이 심어지고 난 후 맞추어 보든지 말든지 해야지 무슨 상품 거래하는 것도 아니고 도대체 이게 뭐란 말인가. 연애를 해서 결혼했었고 처음 재혼 맞선을 보러 나온 은영이 머릿속은 어지러워지고 있었다.

홀몸이 된 대부분의 홀남 홀녀들이 이혼 후에 느끼는 심한 자괴감인 '내가 왜 이 자리에 있어야 하지?' 하는 회의가 은영이에게도 역시 쓰나미처럼 밀려오고 있었다. 은영이가 손을 꼭 쥐며 한숨을 참고 있는 중에 앞에 앉은 남자는 간신히 버티고 있는 은영이의 자존심 깃발을 사정없이 부러뜨리고 말았다.

"그런데……."

"네?"

남자가 머뭇거리며 무언가 물어보려고 하자 은영이는 경계심을 드러내며 남자의 입을 살펴보았다. 그 입에서 행여 식사를 하러 가자는 소리가 나오면 어떻게 핑계를 대고 빠져나갈까 머리를 굴리는데 남자의 입에서 비수가 튀어나왔다.

"그렇게 안 보이시는데 이혼은 왜 하셨는지……."

하마터면 만지작거리고 있던 휴대전화를 떨어뜨릴 뻔했다. 이혼한 것은 맞지만 지금껏 누구에게도 한 번도 들어 보지 않았던 질문이었다. 친구들도 묻지 않았다. 혼자 끙끙 앓으며 찢어진 가슴을 부여안고 간신히 맞선 자리에 나왔건만 왜 이혼을 했냐고? 그것도 이혼할 여자로 안 보이는데 왜 이혼을 했냐고? 보이기는 문제가 없을 것처럼 보이는데 무슨 문제가 있는 여자냐고 지금 묻는 것 맞니?

날은 완전히 어두워졌고 달려오는 자동차 전조등 불빛에 은영이 눈가에 흘러내리는 눈물이 번들거리고 있었다. 상처 없는 영혼이 어디 있겠고 접어보지 않은 날개가 어디 있을까 만은, 타자에게 받는 이혼의 상처는 처음이라 술이라도 마실 생각에 술집 앞에 섰다. 허나 한국사회에서 여자가 혼자 술집에서 술을 마시는 것도 그렇고, 지금쯤 저녁밥을 짓고 남편 돌아오기 기다리는 친구들을 불러낼 수도 없었다. 더구나 집에서 아이가 은영이를 기다리고 있을 것이니 흘러내리는 눈물을 손등으로 훔치면서 발길을 휘청휘청 집으로 돌리고 말았다.

/ 홀몸의 지갑을 울게 하는 재혼시장 /

알 수 없는 배신감과 분노, 좌절을 술잔에 타서 마셔 버리고 집으로 들어온 박과장은 집문서처럼 보관해 둔 이혼신고서를 찢어버리고 난 후 바로 컴퓨터를 켜서 '재혼'이라는 단어를 두들겼다. 프리미엄 링크부터 시작하여 줄줄이 화면에 가득 차게 들어서 있는 인터넷 재혼사이트는 지금껏 멍하니 있었던 것을 후회하게 만들었다. 어느 사이트를 들여다보아도 미인들 사진이 나열되어 있고 남성을 애타게 찾고 있는 사연들이 기재되어 있었다.

그렇다. 바로 이것이다. 굳이 결혼정보회사를 찾아가 한달 월급 절반을 털어 가입하고 커플매니저를 통해 복잡하게 만날 필요가 없다. 편하게 집에 앉아 프로필을 검색해 보고 마음에 드는 이성에게 즉석에서 쪽지를 주고받을 수 있는 이런 시스템이 있을 줄이야! 하긴 박과장도 홀몸이 되기 전까지, 아니 새로운 여자를 만나겠다고 작심을 하기 전까지 이런 세계가 있다는 것을 몰랐으니 말이다. 회사에서도 아파트에서도 아가씨 아니면 유부녀밖에 없었는데 제3의 여성인 홀녀들이 이렇게 많이 몰려 있는 곳이 있다는 것을 그동안 어떻게 알았겠는가.

박과장이 맨 처음 가입한 인터넷 결혼 클럽은 셀프 시스템(self system)과 매칭 시스템(matching system)을 겸하는 곳이었다. 독자들 중에 이게 무슨 말인가 싶은 사람들이 있을 것이다. 모른다면 당신은 가정을 유지하고 있는 사람이거나 아니면 별거 중인 사람이다. 그도 아니면 이혼이나 사별후 아직까지 새로운 짝을 찾기 위해 두리번거리지 않았던 사람이다.

물질문명은 인간의 문화와 행동양식도 바꾸어 놓는다. 이혼 또는 사별해서 재혼하려는데 중신할머니가 사진 들고 왔다 갔다 하던 시대에서 결혼정보회사 커플매니저 시대로 바뀌었다. 그리고 인터넷 셀프매칭(Self matching)이라는 방식도 있다. 음식점도 셀프 서비스하는 곳이 값도 저렴하고 음식 나오는 속도도 빠르지 않는가. 비록 덜 고급스럽기는 하지만 말이다.

셀프란 말 그대로 목마른 사람은 물통에서 물 따라 먹으라는 것이다. 물통은 짝 없어 모여 있는 사람들이고 그런 곳이 인터넷 재혼클럽이다. 이성의 프로필을 보고 마음에 들면 쪽지를 보낼 수 있는데 물론 회비는 내야 된다. 세상에 공짜는 없다. 더구나 짝을 만나려 하면 돈이 많이 들어간다. 돈을 더 많이 내면 상대의 프로필을 상세하게 볼 수 있고 덜 내면 기본적인 것만 볼 수 있다. 그렇게 해서 이성을 개인적으로 만나볼 수 있는 것이다. 물론 돈만 내면 가입이 되는 것이 아니라 나는 이혼 또는 사별을 해서 법적으로 홀몸이란 것을 증명할 수 있는 '혼인관계증명서'를 제출해야 한다. 거기에다가 딸린 자식이 몇 명이라는 가족관계증명서에 졸업증명서까지 제출해야 한다. 뿐만 아니라 경제적으로 하자가 없다는 재직증명서도 내야 한다. 재혼에도 스펙이 필요한 것이다.

인터넷 재혼클럽에서 매칭 시스템이란 당사자들끼리 직접 하면 상대에 대한 신뢰도나 정보 미흡으로 실망을 할 수 있고 연결이 잘 안 될 수 있으니 커플매니저가 다리를 놔주는 것이다. 물론 한 번 다리 놔 주는데 최소 10만 원 이상 내야 한다. 10만 원이면 4인 가족 일주일 반찬값이다. 또 그거만 드는 게 아니다. 이성을 만나면 차 마셔야지 밥 먹어야지 돈 든다. 이래저래 한 번 만나는데 드는 돈이 20만 원은 훌쩍 넘어

버린다. 비로소 사람 만나는 것이 공짜가 아님을 알게 되는 것이다.

한 번 이성을 만나 봐서 마음에 들면 괜찮겠으나 그도 아니면 또 돈을 내야 한다. 그렇게 몇 번 하면 백만 원을 훌쩍 넘어버려 본전이 생각나기 나름이다. 본전 생각만 나나? 기분도 엉망진창이 된다. 어쩌다 마음에 드는 이성을 만나 다음을 기약하고 싶은데 상대로부터 다음 약속을 받지 못하면 자존심도 엄청 상한다. 어? 내가 처녀 총각 때는 이런 대접을 받지 않았는데 이게 뭐야? 내가 아무리 홀몸이 되어 이성이 아쉽다고 해도 이건 용납이 안 돼! 이런 마음 때문에 자신을 괴롭힌다. 존재가 이동했다는 사실을 인식하지 못하기 때문이다. 즉 정서지체 현상이 일어나는 것이다.

영화관 로비 자판기 앞에서 그녀를 기다리며 자판기에서 커피를 뽑은 박과장은 다시 동전을 넣고 새로운 커피를 선택해 버튼을 눌렀다. 처음 뽑은 커피가 맛이 없었기 때문이다. 자판기 그림에는 맛있게 보이는 사진이 붙어 있어 돈을 넣고 뽑았는데 담배꽁초만 집어넣고 쓰레기통에 버려버렸다. 자판기 커피 종류는 많고 돈만 집어넣으면 돈만큼 커피는 나온다. 새로 뽑은 커피는 맛이 괜찮았다. 이제 나타날 그녀도 괜찮으면 좋겠다.

영화 포스터를 보니 어느 것을 봐야 할지 모르겠다. 총싸움하는 것부터 시작해서 코미디, 멜로, 드라마 등 장르도 많다. 제발 이번에는 박과장이 좋아하는 코미디 영화처럼 편안하고 수더분한 여자이기를 바란다. 그동안 수차례나 여자를 소개받아 만나 보았으나 어떤 여자는 키가 작고 어떤 여자는 깐깐하고 어떤 여자는 인물이 마음에 안 들고 어떤 여자는 그럭저럭 마음에 들었으나 박과장이 퇴짜 맞았다. 그렇게 여자들을 만나며 데이트 비용으로 쏟아 부은 돈이 한 달 월급을 넘어 버렸다. 인터넷 재혼클럽에 가입하여 괜찮은 여자일 것 같아 소개받았건만 실제로 만나 보면 딴판이었다. 도대체 얼마나 시간과 돈을 들여야 제대로 마음에 드는 여자를 만나 데이트를 지속적으로 해볼 수 있을지 의문이 들었다. 오늘로 인터넷 재혼클럽 매칭시스템으로 여자를 만나 보는 것은 마지막이라고 다짐해 본다.

오! 역시 기다린 보람이 있다. 드디어 상큼 발랄한 여자가 눈앞에 나타난 것이다. 그녀의 아이디는 프로방스다. 프로방스가 영어인지 독어인지 무슨 뜻인지는 관심 없다. 단지 그녀가 아이디 느낌처럼 낭만적인 분위기를 풍겼다는 것이 중요하다.

박과장이 프로방스를 만나기 위해서는 적잖은 공력을 들여야만 했다. 프로필을 절반만 보게 되어 있어 사진하고 나이, 사는 곳 정도만 알 수 있었는데 왠지 이상하게 뭔지 모르는 감이 왔던 것이다. 그래서 비싼 프리미엄 회원권을 구매해서 프로방스를 만났다.

사람을 만나서 사랑을 하려면 많은 돈이 든다. 돈 없으면 사람 만나기 어렵고 사랑하기 힘들다. 그건 여자도 마찬가지다. 이해가 안 되겠지만 그게 홀몸 남녀의 사랑 메커니즘이다. 하여간 금전적, 정신적 공력을 들인 만큼 마음에 드는 여자가 나타났다. 박과장은 설탕이 잔뜩

묻은 팝콘과 혀를 달짝지근하게 만들어주는 콜라를 사서 프로방스와 어두운 영화관 안으로 들어갔다.

이제 곧 새로운 세계가 펼쳐지는 것이다. 자칫 잘못하여 자기중심을 못 잡으면 궤도를 이탈한 우주선처럼 하염없이 은하계를 떠돌게 될지도 모르지만 말이다.

/ 현실의 인정 /

예전에 모 방송국 프로에서 맥도널드 할머니를 방영한 적이 있었다. 바바리코트를 입고 맥도널드 가게에서 커피 한 잔으로 끼니를 때우며 의자에 앉아서 밤을 새우는 할머니다. 그 할머니는 단순 노숙인이 아니라 유명대학을 나온 외무부 직원 출신으로 영어로 일기도 쓰는 유식한 분이다. 당시로써는 인텔리 중에 인텔리였다. 왜 그런 할머니가 노숙 생활을 하고 있는지 궁금해서 방송국에서 취재를 했다. 형제들의 이야기를 들어보니 할머니는 부모님의 기대를 한몸에 받고 자랐단다. 할머니의 어머니는 거의 딸의 시녀처럼 헌신했단다. 그런 어머니가 돌아가시자 의탁할 곳은 없고 시멘트 벽처럼 굳어진 자존심은 부수지 못하니 주변의 도움도 거절하면서 그렇게 살고 있단다. 할머니는 취재기자가 식사 대접을 하겠다고 하니 최고급 한정식 식당을 찾고 풀코스를 선택했다. 자신은 여전히 남들과 차원이 다르다는 의식을 벗어던지지 못하고 있는 것이다.

극단적인 현상의 한 예이지만 대부분 남녀를 가리지 않고 홀몸 초기에는 약하나마 이렇게 자신의 현실을 일부러 망각하려는 경향이 보인다. 홀몸이 되었으면서 이혼 이전, 그것도 별거에 들어가기 직전 그 자존감을 보존하려고 발톱을 날카롭게 세우고 그 시간 안에 정지한다.

그러나 이동한 존재를 따라가지 못하는 의식은 정체를 불러일으키고 이는 존재양식과 부조화를 일으켜 자신을 고립시킨다. 어떠한 사회 속에 있던 그 속에 있는 양식을 존재라고 정의하면 거기에는 거기에 맞는 의식이 있을 것이다. 그 의식은 존재행동을 만들어내는데 의식이 점하고 있는 양식에 부응하지 못하므로 정체된 존재의식과 현실이 부딪치게 된다.

왕년에 배에 근육 가져 보지 않은 남자 없다. 왕년에 개미허리에 봉긋한 가슴 붙이고 다니지 않았던 여자 없다. 왕년에 집에서 애지중지 커서 결혼하지 않은 남녀 없다. 그런데 엄연한 사실은 지금은 홀몸이라는 것이다. 홀몸이라는 존재가 배에 왕자 있고 개미허리였던 처녀 총각 감각으로 돌아간다. 이 이상한 원형복원 현상이 홀몸 초보자들에게서 나타나며 그러다가 반드시 사고를 낸다. 어떤 결혼생활을 했던지 그동안 자기가 어떤 주관을 가졌던지 그 생각만 고집해서는 새로운 존재인 홀몸 남녀들이 모이는 재혼시장과 부딪치게 될 수밖에 없다.

박정수 과장과 한은영은 이혼을 하였다. 그 순간부터 각자 홀몸 남녀가 되었다는 것이다. 부부라는 존재에서 홀몸, 즉 이혼자라는 존재로 '이동'했다는 것이다. 이는 '전락'했다는 뜻과는 전혀 다르다. 그런데 사회적 편견과 자기 스스로의 비관에 의해 '전락'으로 여겨질까 봐 자신의 정체된 의식을 동원해 현재의 자기 존재양식과 싸움질을 하는 것이다. 이런 현상은 홀몸 초반에 몹시도 자신을 괴롭힌다. 나이가 젊을수록 자기 학대는 더 심하고 상처도 깊다.

/ 홀몸의 성性 /

박과장은 조금 취해 있었다. 아니 여자 앞에서 좀 취해보고 싶었던 것이 솔직한 심정이었을 것이다. 홀몸이 된 남자들이 은근히 그러나 몹시 기대하는 것이 술 취한 자신을 여자가 감싸주는 것 아니겠는가. 박과장도 그런 마음이었을 것이다.

"한잔 더 하고 갈까?"

버스 정류장을 지나고 택시 승강장을 또 스쳐 지나가면서 박과장은 혼잣말인 듯 흘렸다.

"취하신 것 같은데 괜찮겠어요?"

프로방스가 말을 받았다.

카페는 어두웠고 자리는 스탠드 바밖에 없었다. 테킬라를 석잔 째 주문을 했나? 술은 레몬 조각을 잔에 끼어서 나왔고 커피가루와 함께 소금도 나왔다. 그 술은 그렇게 먹는 것이라 했다. 술잔을 입에 털어

75

넣고 소금을 손등에 묻혀 입술로 핥아 먹는 것이라 했다. 웨이터는 농담조로 여자랑 마실 때는 여자의 귓불에 소금을 묻혀 마신다고 말했다. 그 말을 들은 박과장이 소금을 손가락으로 찍어서 프로방스 귓불에 묻히려는 시늉을 했다. 물론 장난이다.

"입술에 묻히세요."

물론 프로방스도 농담으로 받은 응수다. 박과장은 장난기로 프로방스 입술에 소금을 묻혀 버렸다. 벌써 서너 번 만났으니 그 정도 장난은 해도 될 사이다. 홀몸들은 어린아이들만큼이나 빠르게 밀접해진다. 벽이 없어서가 아니다. 외롭기 때문이다. 박과장은 테킬라 잔을 들어 마시고는 용기를 내서 프로방스의 입술로 다가갔다. 프로방스는 입술을 비키지 않았다.

선뜩, 서로의 입술에 아주 오래되고 낯선 기운이 느껴져 왔다. 아주 짧고, 그러나 아주 선뜩한 감각, 그리고 잊고 있었던 감각이었다. 박과장의 입술에서 멀어진 프로방스는 겸연쩍은 듯 딴 곳을 쳐다보았고 박과장은 술잔에 눈을 두었다. 이내 어색한 분위기를 못 이겨 자리를 털고 일어났다. 홀몸 남녀가 어쩌다 어렵게 만나 서럽게 입술을 맞추는 모습은 영화의 한 장면처럼 감미롭거나 격정적이지 않다.

밤이 깊었는데 길거리에 사람들은 북적거렸다. 심야 영화를 하는 영화관 앞을 스쳐 지나가고 현란한 모텔 간판이 즐비한 거리를 먼저 앞서 걸어가고 있는 프로방스를 보면서 박과장의 머릿속에 복잡한 생각이 빠르게 스쳐 가고 있었다. 박과장이 왜 그런 생각까지 들었는지 정말 모를 일이었다. 다만 눕고 싶었다. 단정하고 부드러운 이불 속에 눕고 싶었다. 아침 햇살이 비친 그 뽀송뽀송한 침대에서 코를 골고 자고 있다가 부엌에서 달그락거리는 소리에 눈을 부스스 뜨고 일어나면 밥상이 차려져 있고 대충 몇 수저 뜨고는 회사에 출근하고 싶은 마음 말이다.

어느새 박과장의 마음속에는 함께라는 그림이 자신도 모르게 그려지기 시작했다. 아무리 이혼의 상처가 깊이 파였다고 해도 감각마저 굳어버린 것은 아니었다. 다시 느낄 수 있는 것이라면, 그렇게 될 수 있다면, 그렇게 되기 위한 과정이라면 용기를 내어 모텔도 들어갈 수 있다는 참으로 무모한 마음을 쥐어짜고 있었는지도 모를 일이었다.

그러나 현란한 모텔 간판들 앞을 걸어가던 프로방스는 지나가는 택시를 불러 세웠고 행선지를 말했다. 택시 기사가 고개를 끄덕이자 박과장에게 먼저 타라고 프로방스가 손짓을 했다. 프로방스 집은 박과장과 반대 방향이다.

순간 박과장의 마음은 극명한 양가감정에 심하게 널뛰기를 하고 있었다. 그 양가감정이 무엇인지 박과장 자신도 모른다. 다만 얼굴이 빨개지도록 양쪽 가슴을 뭔가가 짓밟고 있다는 것만 느꼈을 뿐이다.

잠시 머뭇거리던 박과장은 프로방스가 잡아 준 택시에 올라탔다. 프로방스도 택시에 같이 올라주기 바라는 마음이었지만 어디까지나 결정은 여자의 몫이다. 적어도 이혼을 한 남녀의 만남에서는 말이다. 여자의 결정이 손쉽게 이루어지게 만들기 위해서는 담보되어야 할 미래의 약속, 그 약속이 여자에게 충족감을 줘야 한다. 프로방스에게는 제시된 것도 없고 확인된 것도 없기 때문에 출발하는 택시를 향해 손만 흔들 뿐이다.

프로방스에게는 어린 아들이 있다. 혼자된 외로운 감정으로만 결정하자면 어쩜 술기운을 빌어 남자가 이끌어 가는 대로 따라갔을지도 모를일이지만, 아들의 새아빠 될 사람을 생각하면 쉽게 따라갈 수가 없다. 이런 감정의 분리와 현실 때문에 홀몸 여자는 쉽게 움직이지 못한다.

이런 현상은 박과장에게도 마찬가지로 일어난다. 아마 박과장이 초혼을 하려는 남자라면 입맞춤까지 한 여자를 밤늦은 시간 길거리에 세워 두고 혼자 택시를 타고 집으로 돌아가겠는가. 박과장에게도 어린 아들이 있고 자신이 이혼을 했다는 사실도 아직 받아들이지 못하고 있었다. 그리고 아이 엄마가 먼저 재결합을 원할 것이라는 막연한 기대심리도 남아 있었다. 이런 박과장에게도 자기정리가 필요한 것이다.

한동안 꿈쩍도 하지 않았다. 사면의 공간, 그 공간에 둘이 누워 있기까지 많은 시간이 걸렸다. 막상 둘만의 공간에 있자 피곤하다는 핑계로 꿈쩍도 하지 않고 누워 있었다. 달빛이 침대를 금색으로 물들이고 있었지만 침대는 한동안 흔들리지 않고 있었다.

"지금 몇 시쯤 됐을까?"

적막을 못 참겠다는 듯 프로방스가 몸을 모로 뒤척이며 말을 흘렸다.

"응…… 한 새벽 3시쯤."

이마에 팔을 얹고 있던 박과장이 웅얼거리듯 대답했다.

"여기 어디지?"

"모텔이지."

"아니…… 우리가 어디까지 온 거냐고."

"글쎄…… 나도 모르겠는데."

박과장이 대답을 해 놓고 가만 생각해 보니 정말 어디서 어디까지 온 것인지 생각이 나지 않았다. 무작정 버스를 타고 강릉으로 왔고 겨울바다를 보다가 손님 없는 횟집에서 산오징어에 맥주 한잔씩 먹은 다음 또 무작정 지나가는 버스를 타고 북쪽으로 올라왔다. 화진포쯤 되려나? 강릉에 올 때는 당일로 돌아가는 것을 예상하였으나 세상 일이 항상 생각과 다른 것처럼 박과장과 프로방스의 강릉 여행도 그러했다.

오늘 아침 박과장은 그냥 의례적으로 무얼 할 것이냐고 프로방스에게 문자로 물어봤고 그 물음에 '무료해'라는 답이 왔던 것이 강릉으로 오게 된 이유였다. 전에는 프로방스에게 그렇게 물어보면 항상 오늘은 무얼 할 것이고 몇 시에 누구 만나고 그렇게 탁구공 튀듯 말했는데 오늘은 바람 빠진 대답이 왔다.

'우리 바다 보러 강릉 갈까?'라고 보낸 문자에 프로방스는 '그러지 뭐'라는 답을 보내왔다. 기실 박과장이 프로방스를 만난 지 3개월이 넘어섰지만 한 번도 그런 제안을 해 본 적이 없었다. 점점 키스의 농도만 깊고 잦아지고 있을 뿐이었다. 그럴수록 박과장은 당장의 외로움을 마취 없이 바느질하는 것 같아 그 고통을 떨치기 위해 점점 미래에 대해 아무 생각도 하지 않기 시작했다. 반면 프로방스는 점차 미래 그림을 구체적으로 그려가면서 박과장을 만나 왔다. 그렇게 서로의 생각이 엇나간다는 사실을 모른 채 두 사람은 강릉으로 떠났다.

'내가 미쳤나 봐.' 프로방스는 강릉으로 가는 버스 안에서 줄곧 그렇게 생각했지만 그냥 박과장을 따라갔다. 이리저리 모래사장에 내리는 비처럼, 부서지는 파도처럼, 속절없는 자신의 마음을 어디엔가 붙박아 놓고 싶은 마음도 있었던 것이다.

이혼 후 냉정하게 살아야겠다고 마음먹고 지나온 세월이 만만치 않았던 프로방스였다. 왜 자신이 여기까지 오게 되었는지 생각하니 긴 한숨이 내쉬어졌다. 하지만 한숨은 더 이상 내 쉴 수 없었다. 박과장의 입술이 포개져 왔고 시큼한 남자 땀 내음이 프로방스 코를 찔렀다. 이윽고 거친 숨소리만큼이나 거칠어진 박과장의 손을 부여잡고 프로방스는 속삭였다.

"처음처럼…… 처음처럼 대. 해. 줘……."

박정수 과장은 그게 무슨 뜻인지 몰랐다. 프로방스의 블라우스 단추가 떨어져 나가고 속옷을 벗겨 냈을 때 요요한 달빛에 하얀 사기그릇 두 개를 엎어 놓은 듯한 가슴이 드러났다. 생명을 키웠던 가슴에 얼굴을 갖다 댄 박과장의 머리를 부여잡고 프로방스는 다시 한번 애원하듯이 부탁했다.

"제발 처음처럼…… 처음처럼."

결혼생활 동안 부부관계에 익숙했던 박과장은 이미 아이까지 낳은 프로방스가 하는 말이 무슨 뜻인지 전혀 몰랐고 귀에 들어오지도 않았다. 그러니까 박과장은 아무리 홀몸 여자라도 한 남자에게 처녀처럼 대접받고 싶은 마음을 헤아리지 못한 것이다.

홀몸 남성들의 이런 모습은 생활에서도 바로 이어져 재생된다. 하나의 우주를 갖고 있는 여성을 기존에 있었던 여성 빈자리로 대체하려는 습성을 버리지 못한다는 말이다. 남자는 쉽게 변하지 않는다. 남자는 여자가 변하지 않고 항상 그 자리에서 그 모습으로 있어주기 바라고 여자는 남자가 변해주기 바란다고 하지 않는가. 그래도 남성은 쉽게 변하려 하지 않는다. 남성 자신이 변하지 않기 때문에 여성도 항상 그럴 것이라고 배려하지 않고 있다가 어느 날 갑자기 이혼을 요구하는 여성에게 심한 배신감을 맛보게 된다. 그리고 고독단신 홀남이 되었어도 남자는 쉽사리 변하지 않는다. 재혼만 초혼처럼 한다고 해서 되는 것이 아니라 생각을 바꾸지 않으면 정말 어렵사리 인연을 만났다 해도 관계가 지속되기 힘들어진다.

/ 불륜인가 아니면 자유연애인가 /

원하지 않게 파출소까지 오고야 말았다. 경사가 조서를 꾸미고 있는 동안 창 밖에는 겨울비가 부슬부슬 내리고 있었다. 합의가 이루어지지 않고 조서를 꾸며 경찰서로 넘겨지면 그땐 사건처리가 되어 검찰의 지

휘를 받게 되니 귀찮아진다. 귀찮아지는 것도 그렇고 온갖 창피를 당할 것을 생각하니 박과장은 그냥 손해 보고 합의를 하고 싶다. 그런데 프로방스가 고개를 모로 돌리고 상황에 대해 별로 적극적으로 설명하고 있지 않기 때문에 판단을 할 수가 없다. 차주는 박과장이나 운전은 프로방스가 했다.

강릉 여행을 갔다 온 후 박과장과 프로방스는 함께 밤을 보내는 시간이 많아졌다. 한번 잠자리를 한 남녀는 육체적 관계로 집중되기 쉽다. 하지만 이런 관계는 불안을 야기시킨다. 미래에 대한 구체적 합의 없이 육체적으로 가까워지는 것은 홀몸에게, 특히 여성에게 불안감을 안겨 준다.

"다행히 사람은 다치지 않았으니 합의를 보시겠습니까?"

조서를 꾸미던 경관이 박과장의 상황을 이미 눈치챘다는 듯 슬쩍 물어보았다. 경사의 입가에는 야릇한 웃음 꼬리가 잡혔다.

"뭐…… 옷 찢어진 것은 그냥 넘어가겠지만 그래도 차 찌그러진 것은 변상을 받아야 하지 않겠습니까?"

박과장이 끓어오르는 화를 참아내며 할 수 없이 합의안을 제시하였다. 생각 같아서는 합의고 뭐고 가해자를 폭행죄로 고소하고 싶지만 그 과정에서 받아야 할 창피를 감당하기 힘들 것 같았다.

"변상? 하 웃기고 자빠졌네. 내 차는 범퍼가 찌그러졌어. 어쩔거여! 세상 똑바로 살아! 요상한 짓 하지 말고."

방귀 뀐 놈이 큰소리라고 가해자 차주는 도리어 자기 차 찌그러진 것에 대해 변상하라고 얼토당토않는 소리나 해댄다.

"세상 말세야 말세. 모텔에 버젓이 들락거리고."

가해자 차주의 그 말에 박과장은 더 이상 참지 못 하고 의자에서 벌떡 일어나 멱살을 휘어잡았다.

"얼레? 쳐라 쳐. 아까도 사람 치더니 여기까지 와서 폭행이구나. 니가 돈 많으니까 여자 꼬셔서 비싼 모텔 들락거리는구나."

가해자 차주는 눈을 부라리면서 박과장에게 머리를 받는다. 사고 당시의 상황과는 다른 기세다.

"뭐예요! 이봐요! 당신이 들이받았으면서 우리한테 뒤집어씌우고 사람을 밀쳤잖아요!"

고개를 돌리고 아무 말 없던 프로방스가 미간에 인상을 쓰면서 소리를 질렀다.

"우리? 카…… 이것들이 우리라고 하네…… 하! 세월 조오타. 비도 내리고 가슴이 벌렁벌렁해서 러브호텔에 들어갔다 이 말이지? 나도 이해혀."

가해자는 이제 능글맞게 웃음까지 흘려댄다. 그때까지 별말 없이 자기 자리에 앉아 업무일지를 들여다보던 나이 든 파출소장이 책상을 탕치면서 버럭 소리를 질렀다.

"거 아주머니! 여기서 시끄럽게 해 봤자 좋을 거 없어요. 집안 우세시키지 말고 조용히 조사를 받던지 아니면 적당히 합의하고 나가세요."

파출소 소장은 보나마나 뻔한 것이라 여겼는지 사뭇 짜증스런 목소리로 종용했다. 프로방스가 박과장을 태우고 막 모텔에서 빠져나오던 때였다. 아직 술이 덜 깬 박과장은 아침에 나가자고 했으나 집에서 아들이 기다리고 있는 프로방스는 밤을 모텔에서 지낼 수 없는 처지였다. 집에서 홀로 엄마를 기다리고 있을 아들 생각 때문에 마음이 급했다.

모텔 주차장에 늘어뜨려 놓은 검은 천 조각들을 밀치고 빠져나오는 순간 앞을 보지 못했다. 그때 후진을 하던 가해자 차량과 부딪친 것이다. 모텔이 즐비한 복잡한 동네였고 목격자도 많으니 가해자가 큰소리칠 수 없었지만 모텔에서 나온 것을 안 가해자는 오히려 프로방스가 자신의 차를 박았다고 주장하면서 배상을 요구하여 시비가 붙은 것이다.

결국 누군가의 신고를 받고 경찰차가 왔고 파출소에서 조서를 쓰게 됐다. 목격자야 모텔 종업원도 있고, 길거리 청소하던 청소부 아저씨도 처음부터 상황을 다 봤으니 불리할 것은 하나도 없었지만 조서를 꾸미는 중에 인적상황에 대해 경사가 물어 볼 때부터 기가 죽기 시작했다.

"그냥 조용히 합의 보시죠? 본서에 가서 사건 처리 되면 배우자 되시는 분들도 알게 되고 좋을 것 없잖아요?"

경사가 눈을 빼꼼이 뜨고서 박과장 눈치를 살폈다. 사실 경사도 이런 일을 한두 번 처리해 본 것이 아니라 컴퓨터로 조서를 꾸미는 척하면서 딴짓을 하고 있었던 것이다.

"어이 거 두 사람 어디서 만났소?"

박과장과 프로방스의 인적상항을 들여다보던 파출소장이 물었다. 그런데 결혼정보회사나 인터넷 재혼클럽에서 만났다고 대답할 수는 없었다. 생리적인 해결책으로 이용한 것처럼 보일 수도 있고 신세가 너무 비참해지기 때문이다.

할 수 없이 쌍방 피해과실로 합의를 보고 파출소를 나온 박과장과 프로방스는 말없이 걸었다. 그냥 각자 걸었다. 박과장은 머리를 긁으며 갈지자로 걸었고 프로방스는 팔짱을 끼고 또박또박 걸었다. 한동안 버스 정류장 몇 곳을 지나쳐 걸어도 목적지가 없었다.

"우리 어디로 가야 되죠?"

프로방스가 박과장에게 물었다. 정말 어디로 가야 하는지 모를 일이었다. 그저 발끝만 쳐다볼 뿐이다. 이제 사랑을 하기 위해 모텔을 들어가는 것은 다시 못할 짓이다. 프로방스의 질문에 대답할 거리가 없어 박과장은 그냥 각자 집에 들어가자고 했다.

"나는 박정수 씨가 준비된 남자인 줄 알았어요."

프로방스가 쏘아붙이듯 내뱉는 그 말이 무슨 뜻인지 박과장은 아직 모른다. 여자가 원하는 준비된 남자란 단순히 여자를 사랑하느냐 안 하냐를 따지는 것만은 아니다. 마음의 준비에 물적 조건도 포함하는 말이다. 그리고 재혼을 하고 싶은 마음의 준비는 가득해도 조건적으로 준비가 안 된 남자들이 태반이다. 반대로 여자는 마음의 준비가 안 된 경우가 많다. 이 양자 사이에서 공통분모는 육체밖에 없게 되는 것이다.

"그러니까 내 집으로 가자고 했잖아……."

조건은커녕 마음의 준비도 안 된 상태에서 충동적으로 재혼시장에 흘러들어온 박과장이 이렇게 말하니 프로방스가 뺨을 후려쳤다.

"내가 잠만 자러 가는 여자예요?"

자신이 왜 뺨을 맞아야 하는지 모르는 박과장은 저만치 뛰어가는 프로방스의 그림자를 멍하니 쳐다만 볼 수밖에 없었다.

프로방스를 만나고 나서 박과장은 나름대로 갖은 만족을 시켜주기 위해 무던히 노력했다. 꽃도 사주었고 선물도 주었으며 고급 레스토랑에서 와인잔도 부딪혔다. 그런 자신이 왜 이제 와서 뺨을 맞아야 하는지 이유를 모르겠다.

모를 것이다. 전처에 대한 애증이 남아 있는 한 프로방스의 말이 무슨 뜻인지 모를 것이다. 테킬라 키스를 할 때 왜 프로방스가 왜 입술을 허락했는지, 정사가 끝나자마자 왜 신데렐라처럼 신발도 제대로 신지 못하고 정신없이 자신의 집으로 뛰어갔는지 모를 것이다.

남자는 여자가 자신을 사랑하면 정사도 나누고 집에 와서 밥도 해줄 것으로 생각한다. 당연히 그럴 것이라고 착각한다. 그럼 여자가 모험을 걸어 몸을 섞었으면 남자도 당연히 여자가 원하는 것을 해주어야 하는데 박과장은 그게 뭔지 아직 모른다. 데이트하고 영화 보고 그러면 되는 줄 안다. 프로방스가 어린 아들까지 있는 홀몸 여자라는 사실에 직면하기에는 버거운 것이다. 그러니 뺨을 맞는 수밖에 없다.

성적 관계를 맺는 것은 육체를 통해 사랑을 확인하는 것이다. 그런데 그 사랑은 젊은 청춘 남녀의 사랑이 아니다. 홀몸들에게는 사회적 의무가 뒤따른다. 그 의무는 낮의 세계고 자연의 욕망이 인정되는 밤의 세계와 대립된다. 프로방스가 밤의 세계를 인정하고 수용했다고 해서 낮의 세계를 아예 무시하고 방기해도 좋다고 한 것은 아니다. 박과장은 프로방스와의 성적인 생활을 정말 사랑했고 프로방스는 사회적 의무를 확인받기 원했던 것이다. 박과장은 그걸 몰랐다. 뺨을 맞았어도 박과장이 깨닫게 될 때까지는 세월이 필요할 것이다.

남자가 상실된 쾌락에 집착할 때 여자는 허무를 느끼며 고통스러워한다. 그리고 여자는 자신을 공격한다. 아마도 프로방스는 집으로 돌아가 머리카락을 쥐어뜯으며 눈물을 흘릴 것이다. 그리고 이제 박과장이 전화를 해도 프로방스는 받지 않을 것이며 문자를 보내면 이렇게 답이 올 것이다.

'나는 우리의 일을 잊어버리겠어요.'

이혼으로 상실된 안위와 쾌락을 찾으려 허우적거리는 박과장은 아직 그것을 항구적으로 쟁취하기 위해 세상과 멱살 잡고 싸울 준비가 안 되어 있었다. 그래서 프로방스에게 뺨을 맞은 것이다. 그러면서도 사랑은 계속된다. 다만 상대들만 바뀔 뿐이다. 박과장은 사랑 앞에서 희생을 불사하는 순정파 여자를 찾을 것이고 프로방스는 순정은 약해도 조건을 갖추고 재혼할 마음의 준비가 된 능력 있는 남자를 원할 것이다.

/ 홀몸녀의 정체성 /

조선의 마지막 황후가 순정효황후純貞孝皇后다. 나라를 잃은 국왕의 계비(본디 왕비가 돌아가셔서 왕비를 이은 분) 순정효황후는 고종의 아들이며 이 땅의 조선왕조 마지막 왕인 순종의 부인이다. 그러니까 '나는 조선의 국모다'라고 죽음 앞에서도 의연했던 명성황후의 며느리 되시는 분이다. 순정효황후 윤 씨 역시 이 땅의 마지막 황후로서 정체성을 잃지 않고 사셨던 분이다. 순종황제의 왕비, 조선의 황후가 그녀의 정체성이며 그 정체성은 고민하지 않아도 주어져 일생을 사셨으니 일제의 의한 고난은 있었을지언정 자기 자신에 대한 갈등은 없었을 것이다.

일본 여성 마사코도 조선의 왕가에 의해 자신의 정체성을 규정 받았다. 순종의 이복동생이며 황태자인 영친왕은 일본에 볼모로 끌려가 일본 여성인 마사코와 결혼을 하게 된다. 일본여성 마사코는 대한제국이 광복을 맞자 영친왕을 따라 한국에 들어와 조선 왕가의 며느리로 살게 된다. 그 이름이 이방자 여사이다.

반면, 고종의 딸인 덕혜옹주는 일본에 끌려가서 일본인과 정략적 결혼을 하게 된다. 대한제국의 마지막 공주인 덕혜옹주는 자신의 의지와 상관없이 일본으로 끌려갔고 일본인 남자와 결혼을 하고 살아가야 했다. 자신의 의지로는 도저히 항거할 수 없는 정체성 이동에 의한 혼란과 불안 때문에 정신분열 증세를 일으키자 그의 일본인 남편은 덕혜옹주를 버려버린다. 덕혜옹주와 일본인 남편 사이에서 낳은 딸이 마사이인데 이 딸 역시 자신의 정체성에 혼란을 겪으면서 떠돌아다니다 스물네 살 되던 해에 쓰시마 섬에서 스스로 목숨을 끊어버린다.

뜬금없이 역사 공부를 하자는 것이 아니다. 박과장의 뺨을 올려붙인 프로방스라는 홀몸 여성이 왜 그랬을까 생각해 보자는 것이다. 프로방스는 울타리를 얻고 싶었는지 모른다. 그런데 문제는 정신적 울타리만은 아니라는 것이다. 아이도 있고 경제 문제도 있고 존재의 문제도 있어 복잡스러운 것이 홀몸 여성의 정체성이다. 마사코가 이방자 여사가 될 수 있었던 것은 왕가라는 큰 틀이 보호해주었으므로 가능했을 것이다. 순정효황후 역시 튼튼한 자기 정체성을 지키기 위해 고난을 이겨낼 수 있었다. 그런데 영특했던 덕혜옹주가 정신질환을 겪어야 했던 것은 아버지 고종의 독살과 어머니 양 씨의 죽음으로 충격을 받은 상태에서 일본인 남편에게마저 튼튼한 보호를 받지 못했기 때문은 아닐까. 자신의 정신적 울타리가 약하고 그로 인한 소속감이 없었던 덕혜옹주가 고단한 시대를 버티어 낼 수 없었던 것은 당연한 비극이었는지도 모른다.

여기서 같은 시기에 살았던 한 여성을 떠올리지 않을 수 없다. 개화기 신여성으로 여성해방을 부르짖고 조선 여성의 선각자임을 스스로 천명하였던 서양화가 나혜석이다. 나혜석은 자아의식의 실현이라는 행보를 걸었던 신여성 중에 신여성으로 아방가르드적이기도 한 여자이다. 수원에 가면 아름다운 카페가 많은 인계동이라는 거리가 있는데 이 거리가 바로 나혜석의 거리이다. 당대 사회에서는 도저히 상상할 수 없는 발언과 행동으로 물의를 일으켰던 한국 최초 서양화가 나혜석.

나혜석은 신분에 구속받지 않고 자유분방하게 행동하며 여성의 정체성을 갈구했는데 결국 말년에는 행려병자로 수용소에서 비참한 생을 마감한다. 자신이 조선 여성의 선각자임을 외치고 여성을 억압하는 시

89

대의 희생양이라고 스스로 규정지으며 자기 정체성을 확보하기 위해 몸부림쳤던 이 여성은 결국 남편 김우영에게 이혼당하고 늙어 갈 곳이 없어 찾아간 자식에게조차 문 앞에서 배척을 당한다.

생각해 본다. 나혜석이 여성 정체성을 확보하기 위해 부르짖었던 구호들이 과연 스스로의 힘에 의해 외친 구호들이었을까? 아니면 그림 전시회 등 온갖 지원을 아끼지 않았던 변호사 김우영이라는 남편이 존재하였기 때문에 가능했던 것일까. 앞서 말한 조선의 왕가 여자들은 주어진 신분에 따라 의연할 수 있었다. 나혜석의 경우는 신분에서 벗어나 스스로 정체성 확보를 위해 좌충우돌하였으나 '남편'이라는 배경에서 결코 벗어나지 못하고 있음을 알 수 있다. 이쯤에서 생각이 드는 것은 남자 없는 여성의 정체성은 정녕 스스로 확보하기 어려운 것일까? 꽃은 정녕 어느 나뭇가지에 붙어 있을 때 그 나무에 의해 꽃으로 존재할 수 있는 것일까? 그런데 이것은 개화기 시대 때 여성들이다. 지금의 여성들은 너무나 다르다. 홀몸 여성은 또 너무나 다른 존재다.

박과장의 뺨을 때리고 뒤돌아 가버린 프로방스는 무엇 때문에 자신이 박과장과 헤어져야 했는지 생각해봐야 한다. 울타리를 얻고자 했는지, 자기 정체성 확보를 하고자 했는지, 그도 아니면 사랑이었는지, 그 사랑이 어떤 사랑이었고 무엇이 충족되지 않아 결별을 선언했는지 말이다. 재혼시장에서 자신의 무엇을 지켜주고 충족시켜 줄 남자가 있는지도 말이다. 그 무엇이 무엇인지 프로방스는 자신을 바라보고 생각해야 할 것이다.

불안한 반쪽, 홀몸 남녀

서양과 한국의 민담 중에 비슷한 이야기를 각 한 편씩 들여다보자. 먼저 잘 알려진 서양 민담 '손 없는 소녀' 이야기는 이렇다.

서양의 어느 나라 어느 마을에 대장간 주인이 살았는데 그는 나날이 가난해져서 재산이라고는 풀무질 망치와 마당에 있는 사과나무 한 그루밖에 남지 않게 되었다. 어느 날 나무를 하러 산에 간 대장장이에게 악마가 나타나 대장간 뒤에 있는 것을 자신에게 준다면 부자로 만들어주겠다고 제안을 한다. 악마가 말하는 것이 사과나무라고 생각한 대장장이는 선뜻 악마와 계약을 해버린다.

집에 돌아온 대장장이는 집안의 모든 찬장과 서랍에 보물이 가득한 것을 보고 놀란다. 그런데 아내의 말을 들어보니 대장간 뒤에 있던 것은 사과나무가 아니라 마당을 쓸고 있던 아름답고 신앙심 깊은 딸이었다.

3년 뒤 그 악마가 나타나 딸을 데려가려고 했다. 하지만 딸이 몸을 깨끗이 씻은 후 자기 주변에 원을 그려놓아 악마는 그냥 물러갈 수밖에

91

없었다. 다시 악마가 찾아와 손을 잡아끌고 데려가려 했으나 딸이 흐르는 눈물로 손을 씻어서 데려갈 수 없었다. 그래서 악마는 아버지에게 딸의 손을 자르라고 명령했다. 어쩔 수 없이 아버지에 의해 양손이 잘린 소녀는 악마에게서 도망쳐 집을 떠난다.

며칠을 걷고 또 걸어 배가 고파 쓰러질 지경에 이른 소녀는 어느 궁전 정원에 있는 배나무를 발견하고 따 먹게 된다. 이 모습을 발견한 왕은 소녀의 모습이 하도 순수하고 아름다워 궁전으로 데려와 은으로 손을 만들어 주고 아내로 삼았다.

1년 뒤 왕은 전쟁터로 떠났고 소녀는 아들을 낳았다. 왕의 어머니는 득남 소식을 왕에게 알리기 위해 편지를 써 왕에게 전달하라고 신하를 보냈다. 그런데 악마가 나타나 이 편지 대신에 소녀가 괴물을 낳았다는 거짓 편지로 바꿔치기를 한다. 악마의 편지를 받은 왕은 그래도 소녀를 잘 돌보고 있어달라는 답장을 써서 어머니에게 보낸다. 그런데 또 악마가 나타나 모자를 죽이라는 가짜 편지로 바꿔치기한다. 시어머니는 왕이 보낸 악마의 편지를 받고도 차마 그럴 수 없어 암사슴을 죽여 혀와 눈을 보관해 둔다. 그러고는 며느리 등에 손자를 업혀 바깥세상으로 내보낸다. 궁을 떠난 여인이 깊은 숲 속으로 들어가 하느님께 구원해 달라는 기도를 드리며 지내자 천사가 나타나 이들 모자에게 은총을 내려 보살펴 준다.

한편 전쟁터에서 돌아온 왕은 편지가 바뀌었다는 사실을 알고 아내와 아들을 찾기 전까지는 먹지도 마시지도 않겠다는 맹세를 하고 찾아 헤매다 마침내 아내와 아들을 만난다. 그 후 왕은 다시 가족을 데리고 왕국에서 행복하게 살았다.

이 '손 없는 소녀' 민담과 거의 유사한 민담이 우리네에게도 있다. 신체절단이라는 자극적인 내용이 들어가 있어 아동전집에 실리지 않고 있지만 '손 잘린 색시'라는 민담이 바로 그것이다. 장화홍련전과 비슷한데 이야기는 다음과 같다.

옛날 어떤 남자가 아내를 잃고 딸과 함께 살다가 재혼을 하였다. 데림 딸(후처가 데려온 자식)을 둔 계모는 전실 딸이 성장하자 없애 버릴 궁리를 한다. 그리고 쥐를 잡아 껍질을 벗겨서 의붓딸 이불 속에 넣고 낙태를 한 것처럼 꾸민다. 계모의 계략에 빠진 아버지는 딸의 양손을 자른 후 집에서 내쫓는다. 딸은 길을 가다가 어떤 부잣집 마당에 있는 배나무를 발견하고 배를 따 먹다가 그 집 도령을 만난다. 도령은 소녀를 자신의 방 병풍 뒤에 감춘 채 먹여주고 입혀주고 살다가 부모에게 들켜 부부의 연을 맺게 된다.

혼인한 도령은 과거를 보러 떠났고 색시는 아들을 낳았다. 시어머니가 득남 소식을 적은 편지를 도령에게 전달하라고 보냈으나 도중에 색시의 계모가 나타나 소녀가 이상한 아들을 낳았다는 편지로 바꿔치기를 한다. 소녀의 계모 편지를 받은 도령은 자신이 돌아갈 때까지 모자를 그대로 두라고 답장을 보내지만 이 역시 계모가 바꿔치기한다. 아들의 편지를 받은 시어머니는 어쩔 수 없이 손 없는 며느리와 손자를 내

보낸다.

아이를 업고 길을 가던 손 없는 색시는 목이 말라 물을 마시려다 우물에 아이를 떨어뜨린다. 이에 자신도 모르게 아이를 건지려 하자 손 없는 색시에게 다시 손이 생겨난다. 과거를 치르고 집에 돌아온 도령은 편지가 가짜였음을 알게 되고 아내와 아들을 찾기 위해 엿장수가 되어 세상을 떠돌다 마침내 아내와 아들을 찾게 된다. 그 후 집으로 돌아온 가족은 행복하게 살게 된다.

이런 손 없는 소녀 민담은 동서양을 막론하고 각국에 전해 오는데 서양의 이야기와 우리네의 이야기가 갖고 있는 공통점은 아버지에 의해 손이 잘린다는 것과 왕과 도령의 도움으로 살아가고 고난을 이겨내다 사랑과 모성애에 의해 손이 다시 생겨난다는 것이다. 그러는 중에 남자인 왕과 도령이 여자를 끝까지 찾아 다시 행복하게 산다는 것이다. 이런 이야기가 여자가 고난을 참고 이겨내면서 정결한 모습을 유지하고 있으면 남자의 품에 다시 안길 수 있다는 것을 은유하는 것이라면 너무나 유치한 민담일 것이고, 카르 스타브 융Carl Gustav Jung (1875~1961)이 심리치료에 중요 모티프로 쓰지 않았을 것이며 수많은 여성학 학자들이 여성성 연구에 응용하지 않았을 것이다.

이야기에서 나오는 은유들을 살펴보면 아버지란 가부장제도의 권위를 나타낸다. 손이 잘린다는 것은 제힘으로는 세상을 살아갈 수 없는 여성의 존재를 상징하며, 눈물을 흘린다는 것은 자기 개체화를 위한 각성을 의미한다. 개체화individuation란 개인의 성격이 발달하는 과정을 뜻하는 것이며 융은 개인적으로 성숙하고 발전하여 더 높은 과정과 완전함에 이르는 개체화 과정에서 외부의 어려운 상황으로 불유쾌한 무의식과 마주한다고 한다. 이것을 융은 '그림자'라고 말하고 여성학자 마야 스토르히Maja Storch은 '소방관 속에 숨어 있는 방화범'이라고도 표현한다.

이것을 현실적인 차원과 심리적 차원으로 생각해 볼 수 있을 것이다. 또 사회학적 차원에서 보자면 가부장 체제 하에서 아버지를 떠난 여성이 홀로 설 수 있는 능력을 갖추지 못한 상태에서 남편에게 의존하는 삶을 살아가는 것으로 설명할 수 있다. 손이 잘린다는 것은 속수무책으로 아무 힘이 없는 상태를 뜻한다. 심층심리학 측면에서 보면 가부장제 사회에서 억눌려 살았던 한 여성이 시련과 고통을 겪으면서 자신의 내면에 깊숙이 자리 잡고 있던 남성성인 아니무스(animus. 여성 속에 남성성)를 발견한 것으로 해석할 수 있다.

즉 아버지하면 느껴지는 넉넉한 그늘과 모진 풍파에도 굴하지 않고 이겨내는 굳센 의지와 힘을 여성이 지니고 있을 거란 것이다. 또 여기에는 가부장적 권위가 포함된다. 아버지는 일제강점기에 독립운동을 하러 눈 내리는 만주 벌판을 굳세게 걸어갔고 6.25전쟁 때는 적의 총탄을 맞고도 살아서 돌아왔다. 전쟁 후에는 무거운 철근을 어깨에 메고 건설현장을 누비며 처자식을 먹여 살렸다. 아버지는 어떠한 경우에도 의연하게 버티고 있는 남자이며 어떤 모진 비바람도 가슴으로 막아내는 존재다.

이런 남성성이 무의식에 숨어 있는 여성이 스스로 설 수 없는 상태에서 남자를 만나 그 남성이 자신의 욕망을 충족시켜 주지 못하는 것을 발견하면, 즉 아버지의 그림을 재현하지 못하면 자기 무의식과 충돌을 빚는다. 불안한 여성이 모든 것을 채워줄 것 같은 남성에게 환상을 품고 만나던 중에 남자의 허약함에 실망하면서 관계의 종말을 고하는 것이다. 그리고 그 과정에서 악마를 끌어들인다. 악마라는 것은 여성이 남성 없이 스스로 온전히 설 수 없고 사회적으로 받아야 할 고통의 책임을 남자에게 '투영'하는 기재인 것이다.

스스로를 돌볼 수 없는 홀몸녀와 우선 여자를 만나기 위해 허세를 부린 홀몸남이 만나면 박정수 과장과 프로방스처럼 관계의 종언을 고하고 그림자만 남기게 된다. 그 그림자를 계속 데리고 다니면서 새로운 사람을 만나봤자 결과는 매번 같을 것이다.

그런데 우리네 민담에서는 '모성애'가 나온다. 손 없는 색시가 물에 빠진 아이를 건져내려고 팔을 뻗다가 손이 다시 생기는 것이다. 이는 모성을 통해 여성성을 대변하는 것이기도 하다. 서양 민담에서는 시어머니가 여성성을 대변한다. 세상의 힘과 맞서 싸우기에는 내면의 아픔을 지니고 있는 프로방스에게 나약한 홀몸남 박정수 과장은 아마도 모성적 여성성을 기대했을 것이다. 남성 속에 숨어 있는 여성성을 아니마 anima라고 부르는데 우리네 남성들에게 아니마는 조선시대 어머니상을 숨겨 놓고 있는 것인지도 모를 일이다.

이렇게 본다면 박정수 과장이나 프로방스는 스스로 오롯이 설 수 없는 나약함과 의타성을 가지고 서로 백마 탄 씩씩한 왕자님과 치마폭이 한없이 넓고 질긴 평강공주를 기대하는 환상에 빠졌을 것이다. 이야기에서 나오는 사과나무는 남녀가 만나는 애정의 장소를 의미하고 배나무는 여성의 자궁을 상징한다. 홀몸남과 홀몸녀가 자신들이 갖고 있는 이런 무의식이 상대에게서 나타날 것 같은 착각에 만나더라도 곧 실망하여 다시금 이별을 고할 수밖에 없을 것이다. 요행히 재혼에 이른다고 해도 말이다.

그래서 법륜스님은 자신의 책 《스님의 주례사》에서 이렇게 말한다.

"상대가 없어도 내가 완전해야 한다. 즉 온쪽이 되어야 한다. 그래서 상대의 온쪽과 내 온쪽이 합쳐져서 가운데 금이 없는 하나가 되어야 한다. 그래야 하나가 없어져도 다시 온쪽이 될 수 있다. 상대에게 기대지 않고 스스로 설 수 있어야 한다. 내가 온전하면 상대에게 기대하는 것이 없기 때문에 상대를 더 잘 이해하고, 상대가 필요할 때 도움을 줄 수 있는 것이다."

초혼이 이러할 것인데 재혼은 더더구나 그렇다. 홀몸남 홀몸녀가 다시 만나는 재혼이 서로 부족한 부분을 상대가 채워 줄 짝을 찾는 거라면 그 짝은 건강한 짝이 아닐 것이다. 홀몸남이든 홀몸녀이든 혼자 온전히 서기 위한 고통 없이 즉물적인 외로움에 의한 만남은 피해야 한다. 외롭다고 부족하다고 만난다면 서로 충족되지 못한 것을 발견했을 때 다시금 이별을 고하지 않을까?

건강하지 못한 만남은 '연습게임'으로 남아

왜 프로방스는 강릉 여행도 같이 갔다 오고 몸도 섞은 박과장의 뺨을 때리고 가버렸을까? 왜 박과장은 프로방스를 붙잡지 않았을까? 감정이 식었기 때문일까?

재혼시장에 나온 상당수 홀몸들은 박과장과 프로방스의 경우를 어떤 형태로든 비슷하게 겪었을 것이다. 드러나지 않을 뿐이지 소위 '연습게임'이라고 치부하는 이런 만남과 결별은 재혼시장에서 비일비재하게 일어난다.

이런 현상은 홀몸으로 살면서 당장 내 삶의 부족한 부분을 상대가 채워 줄 수 있지 않을까 하는 기대 심리 때문에 일어난다. 착각은 환상을 낳고 환상은 가짜감정을 잉태한다. 그러므로 상대를 좋아한다는 감정의 본질이 무엇인지 솔직하게 자신에게 물어보아야 하며 그것이 건강한 것인지 스스로 평가를 해봐야 한다. 자기 평가를 하지 않고 계속해서 충족해 줄 대상만 찾아 헤매기 때문에 사람이 없다는 소리를 하는 것이다. 적나라하게 말하자면 결혼정보회사 인터넷 재혼 사이트를 순회하면서 끝없이 새로운 만남을 반복하게 되는데 그런 사람 치고 재혼에 성공하는 사람을 본 적이 없다. 요행히 재혼에 이르렀어도 이내 헤어지고 마는데 항상 하는 소리가 상대를 잘못 만났다는 것이다.

경제적이든 정신적이든 생활적이든 온전하지 못한 사람일수록 사랑의 감정에 쉽게 빠지는 경우가 많다. 목이 마를수록 더운물 찬물 가리지 않고 찾듯이 말이다. 상대가 우선 내 갈급함을 채워줄 수 있을 것 같은 착각 때문에 좋아한다는 감정이 쉽게 생성되는데, 그 감정이라는 것이 자신의 의식을 조작한 것이고 본질은 만들어진 감정일 뿐 진정으로 상대를 사랑하고 가엾게 여기며 '함께'할 사람으로 받아들이고 연민을 느낀 것은 아닐 것이다.

연민憐憫, 상대를 이해하고 이해하려는 노력에서 우러나오는 감정의 가장 기본 단위인 연민은 이런 것이다. 2차 세계대전이 한창이던 어느 눈 내리는 전선에서 영국군 저격수가 조준경을 통해서 독일군을 조준하고 있었다. 마침내 독일군 한 명이 발견되었고 영국군이 방아쇠를 당기려 하는 찰나, 조준경 안에 잡힌 독일군이 추위를 못 이겨 몸을 벌벌 떨고 있는 모습이 잡혔다. 영국 저격수는 그만 방아쇠에서 손가락을 빼고 '너도 추운가 나도 춥다' 이렇게 읊조렸다고 한다.

이런 연민의 감정에서 층층 쌓여진 사랑의 감정이 아니라 즉물적 욕망의 감정을 가질 때, 내 결핍된 생활의 구원자로 상대를 바라볼 때 생기는 감정은 필연적으로 아픔을 가져오게 된다. 시간이 흐르면서 감정은 퇴색되기 쉽고 현실적 한계 때문에 좋아한다는 마음도 상하게 되며 실망의 단계를 거쳐 결별의 수순을 밟게 되는 것은 당연한 결과이다. 그 결과 뒤에 남는 것은 극심한 스트레스와 더불어 상대에게 모든 원인이 있다는 악감정이다.

이런 연습게임은 올바른 학습효과를 가져오지 않고 면역력만 높일 뿐이다. 면역력이 강화될수록 진정성보다는 가식과 계산력만 빨라지게 된다. 그렇게 되어 갈수록 재혼을 할 마음이 상실되고 그 결과는 재혼시장의 미아로 떠도는 것이다.

사별자에게 갖는 기대와 편견

2010년 통계청 발표에 기준해서 이혼 가구주 126만보다 더 많은 200만 사별 가구주를 따로 떼어서 생각해 볼 필요가 있다. 이혼자가 사별자를 선호하는 강도는 은근히 높게 나타난다. 이혼남은 사별녀를 호의적으로 보고 이혼녀도 사별남에게 역시 호감을 가진다. 사별은 미움이라는 악감정보다는 그리움, 애절함, 보고픔 등의 정서가 지배할 것이라는 추상적인 생각 때문이다.

맞다. 사별자들은 눈빛은 항상 젖어 있고 언제나 울 준비가 되어 있다. 어깨가 처져 있고 누군가에게 기대고 싶어 한다. 사별한 전 배우자에 대한 그리움은 홀몸이 된 후 현실에서 느끼는 어려움이 크면 클수록 배가 되어간다. 예전에 프랑스 루브르 박물관에 전시된 레오나르도 다빈치의 명화 〈모나리자〉가 사라진 적이 있었다. 박물관 전시품목 중 대표격인 작품이 사라졌으니 당연히 관람객이 줄어들 것이라고 여겼던 박물관 관계자들은 깜짝 놀랐다. 모나리자 그림이 없는 벽면을 보려고 더 많은 관람객이 입장한 것이다. 사라진 것에 대한 그리움은 그런 것이다. 더구나 명화가 아니더라도 늘 있던 것이 없어지면 그 허망함은 그리움으로 변하여 가슴을 허하게 만든다. 하물며 사람이고 자신과 함께 가정을 꾸리고 자식을 낳아 길렀던 배우자였다면 오죽하겠는가.

그런 애절한 그리움이나 못다 한 사랑에 대해 한을 갖고 있는 사별자를 만나면 그 사랑이 자신에게 전이될 것이라 여길 수 있을 것이다. 하지만 그것은 착각이다. 할퀴며 싸우고 이별하지 않았으니 이혼 과정 때문에 가슴이 메마르고 황폐화되지는 않았을 것이다. 하지만 사별자가 가지고 있는 회한과 그리운 감정이 고스란히 자신에게 전이되는 것은 아니다. 사별한 전 배우자의 음영을 새로운 사람에게 투영을 하지만 제대로 형상화되지 않을 때는 쉽게 접어 버리는 경향이 있기 때문이다.

그 투영이라는 것은 세상을 떠난 전 배우자에 대한 그리움 때문만이 아니라 자신에게 좋았던 것만 기억하는 기억의 편집 때문이다. 이혼자가 전 배우자와의 기억 중 나쁜 것만 편집하여 가지고 있는 경향이 크다면 사별자는 그 반대다. 이혼자는 그렇게 해야 전 배우자의 음영에서 벗어나 홀로 설 수 있기 때문이고, 사별자는 현재의 삶이 혼자의 힘으로는 힘들기 때문에 함께해서 편하고 좋았던 그 부분을 자꾸 되새기게 된다. 이것을 선택적 기억이라고 부른다.

그런데 새로운 사람을 만났을 때 똑같은 형식과 내용으로 이 부분을 채워주기를 바라는 것이 사별자의 투영심리이다. 이 투영이 제대로 형성되지 않을 때에는 곧바로 실망이 이어지고 다시금 사별한 전 배우자에 대한 그리움과 가치가 돋아나는 것이다.

실제 예를 들어보면 딸 둘을 키우는 K 여성은 사별한 지 몇 년 되지 않아 이혼남과 서둘러 재혼을 하였다. 아직 어린 딸들에게 아빠의 부재가 너무나 가슴이 아프고 거친 세상을 살아가기에는 너무 여린 자신에게 새롭게 다가온 이혼남은 든든한 버팀목 같아 보였던 것이다. 손목을 이끄는 것을 뿌리치지 못하고 재혼을 했다. 그런데 불과 석 달도 함께 살지 못하고 이혼을 하여 다시 혼자가 되었다. 이제는 사별녀에 이혼녀가 되어 버린 것이다.

둘 다 착각을 한 것이다. 재혼을 할 때 사별녀는 이혼남이 자기 딸들의 아빠 역할을 세상을 뜬 전남편과 똑같지는 않더라도 비슷하게 해줄 것이라고 착각했으며, 이혼남은 이 여자가 자신의 전 배우자처럼 자기 주장을 내세우지 않을 것이기에 편할 것이라고 착각했다.

착각이 이상한 것만은 아니다. 그리고 이혼이든 사별이든 서로 상처 있는 사람들이 그 상처에 반창고를 붙여줄 것 같은 대상을 찾아 재혼을 하는 것은 잘못을 범하는 것이 아니라 오류를 범하는 것이다. 오류는 실제와 자신의 생각 사이의 부정합성에 의해 발생하는 간극이다. 그 간극을 최소화하려면 서로에 대해 알아야 하는 것이고, 서로 무엇을 요구하는지 솔직해져야 하며, 자신이 무엇을 제대로 파악하고 있지 못하는가를 인식할 필요가 있다.

그 이혼남에게는 이미 아들이 있었으며 자신의 아들 훈육방식과 재혼한 사별녀의 딸들을 대하는 방식이 다를 수밖에 없었다. 또 사별녀

입장에서 봤을 때 자신과 재혼한 이혼남은 전남편처럼 다정하게 느껴지지 않았다. 그도 그럴 것이 이혼남은 상황과 기분에 의해 화도 내고 짜증도 내는 살아있는 사람이다. 또 그 어떤 남자도 사별녀의 전 배우자와 같이 자신의 자녀들을 키워줄 수 없다는 사실을 인식해야 한다.

사별남의 경우도 마찬가지다. 아내와 사별한 지 얼마 되지 않아 재혼시장에 발을 딛은 사별남들에게 어떤 여자를 원하는가 물어보면 솔직하게 대답을 하지 않는다. 다만 은근하게 에둘러 말하길 자신의 아이들 엄마 역할을 해줄 여자를 찾는다고 말한다. 엄마 잃은 자식들을 바라보는 아비의 심정이야 어디 사별녀와 다를 바가 있겠는가. 엄마의 사랑을 받지 못하는 자식들을 위해 엄마의 손길을 줄 수 있는 여자를 찾지만 현실의 대답은 냉정하다.

"그러면 사랑할 여자를 찾는 것이 아니라 유모를 원하는 거예요?"

피눈물 나는 소리 같겠지만 단언하건대 자식들 엄마 역할을 해줄 여자는 이 세상에 없다. 또 자신의 자식들 아빠 역할을 해줄 남자도 세상에 없다. 이 점에 있어서는 이혼자도 어느 정도 새 배우자에게 기대하는 바가 있겠으나 기대하는 바가 적으면 적을수록 실망도 적고 그만큼 실패를 할 확률도 낮아질 것이다.

사별자와 자녀, 그 특별한 관계

사별자는 자녀 양육에 관해서 선택의 여지가 없다. 이혼자는 어느 한 쪽이 자녀를 키우기 때문에 어느 쪽이 환경이 좋고 유익한지 따지고 자녀들에게 선택의 기회도 주겠지만 사별자는 그런 선택권이 없다. 따라서 사별자를 만나는 비사별자는 사별자가 갖고 있는 자녀에 대한 감정이 어떠한 것인지 생각해 봐야 할 것이다. 사별자 자녀의 연령이 낮으면 낮을수록 사별자의 행동은 자식들에게 끼치는 영향에 의해 결정된다고 해도 과언이 아닐 것이다(사별자와 재혼을 한 경우라면 에밀리&존 비셔 공저 〈스텝 패밀리〉 175쪽부터 180쪽까지를 참조하라).

사별자의 자녀에 대한 집중은 거의 신들려 있다고 표현해도 될 정도다. 이 점에 있어서는 비사별자의 이해가 많이 부족한 것 같다. 이혼자야 자신이 행여 잘못되는 경우가 생겨도 아이들을 맡아 줄 전 배우자가 있다. 그러나 사별자는 없다. 오로지 자기 아니면 아이들이 고아가 된다는 강박관념이 무지막지하게 심하다. 그런 강박관념 앞에서 자신의 재혼이 자식들의 현실적 안주에 방해가 된다면 포기해버린다. 이런 점

때문인지 사별자 가구 수가 이혼자 가구 수보다 더 많다. 이 점에 있어서는 남자도 마찬가지겠지만 혼자 아이를 기르는 사별 여성의 모성애는 놀라울 정도다. 모든 것에 자식이 우선이고 혹시나 자신이 잘못되면 세상에 부모 없이 남아야 할 아이들을 위해 각종 보안장치를 겹겹이 해두기도 한다.

사별녀와 재혼한 이혼남 P씨는 이런 사별녀의 특성을 이해하지 못해 자신이 먼저 이혼을 요구해서 재이혼에 이르렀다. 여자가 밉거나 살림을 못하거나 남자를 잘 대해주지 못해서가 아니었다. 여타의 부분은 다 잘하고 자신 또한 잘하려고 노력하는데 도무지 마음속 문을 열지 않는다는 것이 문제였다. 하나 예를 들어 여자는 항상 자신의 친자 앞으로 이러저러한 보험금을 다 납부하면서 남자가 경제적으로 어려운 상황에 직면해도 모른 척하더라는 것이다. 자신이 형편이 좋을 때 그만큼 여자를 위했고 여자 쪽 자녀들에게 용돈이나 학비도 보태주었으니 상황에 따라 여자도 지원을 할 때가 있어야 하는데 요지부동이었다는 것이다. 그게 못내 서운해 이혼을 하고 말았다는 P씨는 이렇게 말했다.

"내가 여자랑 재혼했지 그 애들하고 재혼을 한 건 아니잖아? 애들한테 충성하는 것도 한계가 있더라고. 언제까지 애들 눈치 보면서 살아야 하냐고. 내가 여자 죽은 남편 제삿날 무덤까지 가서 같이 제사도 지내고 그랬단 말이야."

무엇이 잘못되었든 간에 그녀는 사별녀의 특성이 특별히 강화된 여성이었던 것 같다. 그 남자의 말을 액면 그대로 믿으면 누구라도 무척 섭섭했을 것 같다. 그리고 가만 더듬어 보면 남자는 여자의 사별한 전 남편도 기억해 줘야지 여자의 아이들도 챙겨야지 하면서 쉽지 않은 재혼생활을 했을 것 같다. 그러다 보면 자신은 도대체 뭔가 하는 자기 정체성 문제도 생각하지 않을 수 없을 것 같다.

반대의 경우도 있었다. 잡지 출판사를 경영하는 박 사장이라는 중년 남자는 사별하자마자 재혼을 했다. 이렇게 날름 재혼을 하는 사별자의 경우는 배우자가 오랫동안 투병을 하다가 세상을 뜬 경우가 많다. 그 과정에서 마음의 준비를 하지만 무척 외롭고 힘든 시기일 것이다. 배우자가 숨만 쉬고 있을 뿐이지 혼자 아이들 키우고 살림하면서 간병을 하는 어려움은 사별 후 생활보다 더 힘들었을 것이다.

그때 박 사장 사무실에 만혼인 여직원 B씨가 있었다. 비서 겸 편집자 겸 출판사 일을 도맡아 하는 여성이었는데 사장님의 어려움을 어찌 모를까. 매일 어깨를 늘어뜨리고 병원을 오가는 사장님을 보고서 연민의 정을 느낀 것이다. 그리하여 이 여인이 사장님에게 위로의 술잔을 건네고 자녀들에게는 친구처럼 대해주니 사장님 입장에서는 이 여인이 눈물겹도록 사랑스럽고 예뻐 보였던 것이다. 사별 후 금방 재혼했다고 구시렁거리는 사람들은 사장님의 병상 배우자가 은근히 자신의 뒤를 B씨가 이어주길 바랐다는 사실을 몰라서 그러는 것이다.

이 두 사람은 그야말로 조건을 따지지 않는 순수한 사랑으로 결합한 재혼부부이다. 그러니 축복받아 마땅하고 오랫동안 행복해야 하는 것이다. 그런데 불과 1년을 채우지도 못하고 이혼을 하고 말았다. 이혼 후 B씨는 지인들을 만나기만 하면 술을 먹고 밤새 펑펑 눈물을 흘리면서 하소연을 했다.

"내 사랑이 겨우 아이들 밥 해주고 살림하고 그거야. 내가 식모야? 가정부야?"

사랑해서 결혼까지 해놓고 살림하기 싫어서 이혼을 하냐고 생각하겠지만 본질적인 문제는 그게 아닌 것이다. 사별남에게 시집간 만혼녀의 정체성이 문제였다. 또 정체성을 확보해주지 못한 박 사장의 문제였다. B 여성은 초혼이니 창문에 예쁜 레이스 달린 커튼도 달고 분홍빛 침대에서 남편과 지내고 싶었던 것이다. 즉 초혼인 그녀는 정말 초혼의 아내처럼 대접을 받고 싶었던 것이다. 그러나 박 사장에게 재혼은 기존 결혼생활의 연장일 뿐이었다. 아내가 세상을 떠나고 그 빈자리에 여인이 들어와 똑같은 역할을 해줄 것이라고 여겼던 것이다.

이런 경우를 두고 '의족 끼우기'라고 말한다. 별 의도 없이 아내나 남편의 빈자리를 새사람이 채워주기 바라는 것으로, 새사람을 맞으면서 새롭게 출발하는 것이 아니라 기존의 생활방식을 그대로 재생하려는 것이다. 박 사장이야 오랫동안 지내온 자신의 생활방식이 재현되었으니 심리적으로 안정되어 사업도 잘되겠지만, 박 사장과 결혼한 여인은 '그게 아니올시다'인 것이다. 자신의 정체성에 혼란이 찾아오면서 결혼 전에는 그토록 안쓰럽던 박 사장의 아이들까지 미움덩어리로 비치게 되는 것이다.

재혼에 있어 정체성 문제는 사별이든 이혼이든 정말 중요하다. 상대에게 무턱대고 잘한다고 해서 되는 것이 아니라 서로에게 존중감을 가질 수 있게 해야 정체성을 확보시켜 줄 수 있다.

다시 강조 하건데 재혼에 있어 상대에게 정체성을 확보시켜 주는 것은 그 어떤 보물을 선사하는 것보다 값어치 있고 중요하다. 우리 옛말에 '가지기'라는 것이 있다. 과부나 이혼녀로 다른 남자와 사는 여자를 말한다. 또 후살이라는 것도 있다. 여자에게는 재혼이겠지만 남자에게는 그냥 여자의 대체에 불과한 이런 형태로는 재혼이 결코 행복하게 유지될 수 없다. 재혼이든 새혼이든 결혼경험이 있든 없든 배우자는 존중받고 존중해야 한다. 빈 역할 대행자가 아닌 것이다.

사별자 마음에 있는 두 개의 방

사별자에 대해 비사별자들이 오해하는 부분도 있다. 사별했다고 하지만 마음속 방을 먼저 간 배우자가 차지하고 있는데 어디 새사람이 들어갈 공간이 있겠냐는 것이다. 이렇게 생각하는 비사별자 경우 "그래서 나는 사별자하고 재혼 안 해!"라고 말하는 경우도 있다.

강원도 인제군 현리에 아침가리라는 오지가 있는데 그곳에 가면 귀신 나오는 기와집이 있다. 비가 오거나 달이 없거나 할 때면 그 기와집에서 다듬이질하는 방망이 소리가 들리고 여자 울음소리가 들리며 문짝이 열렸다 닫혔다 하면서 부엌에서 달그락거리는 소리가 들린다고 한다.

실제로 보면 귀신 나오게 생겼다. 기왓장은 다 허물어져 누런 황토가 속살 파먹은 듯 드러나 있고, 대청마루에는 거미줄이 칙칙 늘어져 있으며, 부엌문은 떨어져 너덜너덜거리고 있었다. 소유주가 누구인지 모르겠으나 사람은 살고 있지 않고 닭들만 마당을 돌아다니고 있었다. 몇 가구 되지 않는 산동네 주민들에 따르면 그 기와집이 옛날에는 뼈대 있는 양반집이었는데 며느리가 대들보에 목을 매 자살했다고 한다. 그래서 그 며느리가 비 오고 천둥 번개 치며 달 없는 그믐밤에 나타나 다듬이 방망이질을 하고 부엌을 들락날락 거린다는 것이다.

사실 확인을 위해 MBC 강릉방송국 기자가 그 기와집 바로 앞에 사는 초로의 여인을 찾아가 물었다. 그랬더니 자신도 분명히 듣고 산다는 것이다. 또다시 기자가 무서워 어떻게 사시냐며 이사를 가지 않느냐고 묻자 그 여인은 이렇게 대답했다.

"여기 남편 무덤이 있는데 어디 이사를 가요."

그 초로의 여인은 밭을 가꾸며 생계를 유지하고 있었다. 그 밭 곁에 남편의 무덤이 있었고 그 무덤 옆 단칸방에 혼자 살고 있었다. 이 여인의 마음에는 오직 사별한 남편이 묵을 방밖에 없다.

그러나 이렇게 오지에 살면서 재혼이라고는 생각도 못하는 여인이 아닌 이상, 도회지에 살면서 재혼시장에 나왔다면 그 사별자의 마음속에는 이미 방 한 칸을 더 마련하고 있는 것이다. 즉 사별자는 재혼을 하면 방 두 개를 갖는 셈인데 새사람이 자꾸 기존에 있던 방을 들여다보면서 그 방과 비교하려고 하면 안 된다. 그러므로 사별자와 재혼을 하려는 사람은 사별자의 가슴에 그러한 방이 있음을 인정하되 세상에 없는 사람과 싸움을 하지 말아야 하며, 사별자 역시 이 세상에 없는 사람을 자꾸 데려와 자신 앞에 살아있는 사람에게 투영하려고 하면 안 된다.

아래의 사례는 사별녀와 재혼한 이혼남의 이야기로 사별자 재혼의 문제를 집약적으로 보여주는 것이라 모 인터넷 재혼클럽 익명 게시판에 올려진 원문 그대로 옮겨본다. 물론 사별남과 이혼녀의 조합에서도 배려부족과 인식부재, 정체성 부재 문제가 똑같이 나타날 수 있다.

교제 기간에 아내의 집에서 물건을 찾으려고 서랍을 열어보니 5년 전 사별한 남편의 사진이 있었죠. 그럴 때면 저는 "아이 아빠가 무척 날씬했네?"하고 말했고 아이 아빠의 이름이 적혀있는 물건이 나올 때면 이런 식으로 말했죠. "아이 아빠 이름이 ○○○이야?"

우리는 살림을 합치고 가구, 혼수 등을 장만하고 생활했습니다. 제가 혼수 비용을 아내한테 주고, 아내의 집으로 제가 들어갔죠. 그런데 안방 화장대 옆 방바닥엔 항상 몇십 장의 전남편 스냅사진이 있었어요. 한 달여 동안 생활하면서 계속 그 자리에 있었어요.

어느 날 서랍에서 물건을 찾다가 우연히 전남편 학교 졸업장을 보게 되었죠. 교제 기간 동안에 치웠으면 하는 바람을 은유적인 표현으로 했는데……. 제 기억으로는 3~4번 정도 이런 일이 있었기에 그 정도면 눈치를 챘을 것 같은데 두 달 동안 방바닥에 나뒹구는 사진들, 책상서랍 등에 있는 전남편의 흔적들을 보니 난 뭐지 하는 의구심이 들더라고요.

저는 제 아이와 전아내의 면회 때, 전아내한테 부탁했죠. 지금의 아내는 당신의 흔적을 싫어하니 아이한테 물건 등을 들려보내 주지 말아 달라고. 그 전에는 고맙게 받을 수 있었지만 이제는 그러지 말라고. 저는 지금의 아내에 대한 배려라 생각되어 전 배우자의 흔적을 되도록이면 보여주지 않았는데 무척 화가 나더군요.

아침에 둘 다 잠에 깨어 침대에 누워 있을 때 말했어요. "전 배우자의 사진을 두 달 동안 바라보니 기분이 좋지 않고 집안 이곳저곳에 아이 아빠의 흔적들이 남아 있는데 이해하기 힘들다." 그랬더니 시간이 없어서 그랬다 하더군요. 너무 화가 났어요. 미안해하면 되었을 것을 말도 안 되는 핑계로 말하는 게 아니겠어요. 그래서 여태까지 내 심정을 이야기했죠. 그리고 기분이 나쁘다 그랬더니 갑자기 일어나더니 몇십 장의 사진을 찢고 서랍의 흔적들을 쓰레기통에 던져 버리더군요.

저는 기가 막히고 어이가 없고 당황했습니다. 저는 제가 아는 아내라면 제가 없을 때 그 사진을 안 보이는 곳에 처리할 지고지순한 사람이라 예상했는데, 아무리 떠난 남편 흔적이지만 갈기갈기 찢어서 쓰레기통에 버리다니요. 그리고 하는 말이 "이젠 속이 시원해?" 이러는 것이 아니겠어요.

저는 그 순간 정이 떨어졌어요. 아내에 대한 모든 환상이 사라져 버렸어요. 다툼이 있고, 며칠 후에 아내에게 이런 제안을 했습니다. 아무리 생각해도 얼마 전의 일이 이해가 안 된다. 아이 아빠 산소에 가서 같이 잘못을 빌고 오자. 망자의 사진을 갈기갈기 찢어서 쓰레기통에 버리는 것은 잘못된 것이라 생각했습니다. 그랬더니 "이건 나의 일이고, 당신이 상관할 일이 아니잖아!"

또 한 번 아내가 싫어지고, 정이 떨어졌어요.

또 다른 사별녀 P씨는 이혼남과 재혼을 앞두고 기분이 좋아 사별녀 모임에 와서 자랑삼아 말하길 이랬다. 새로 인생을 같이 시작할 남자에게 사별한 전남편의 사진을 벽에 걸어 두겠다고 말했더니 그러라고 했다는 것이다. 새 남자의 품이 넓은 것을 자랑하고 싶었던 것이다. 재혼 전이라 새 남자가 여자에 대한 연민의 정으로 그렇게 대답을 했을지언정 막상 살림을 차리고 난 후 여자가 전남편의 사진을 벽이 아니라 책상 속에라도 뒀다면 새 남자는 '그럼 나는 뭐야? 나는 허깨비야?'라는 강한 불만을 일으키지 않았을까 싶다.

새 배우자의 정체성을 찬탈해 버리는 이런 순진한 행동은 돌이킬 수 없는 결과를 초래한다. 이런 면에 있어서는 내 심정을 새롭게 만난 사람이 그냥 다 이해해주겠지 라고 생각하면 큰일 난다. 사전에 충분히 이해를 시켜줘야 한다. '사별한 전 배우자를 같이 죽고 싶을 정도로 사랑한 것은 부정할 수 없는 일이지만, 살아있는 내 반쪽은 오로지 당신뿐이라오.' 이런 식으로 상대방에게 정체성 확보를 시켜 주어야 한다. 사별자에 대한 이해가 이혼자의 몫이라면 이혼자의 정체성을 확보시켜 주는 것은 사별자의 몫이다. 이것은 이혼자와 사별자의 조합에서만 해당되는 문제가 아니라 이혼자와 이혼자의 조합에서도 마찬가지로 중요하다.

정체성이라고 하는 것은 재혼에 있어서 매우 중요한 정신적 조건이다. 정체성을 아이덴티티identity라고 한다. 좀 더 무게를 얹고 가족이라는 틀에 확장시켜 적용하면 '위상'이라고 말한다. '나는 너에게 있어 무엇인가' 하는 문제는 남녀가 함께 살면서 끊임없이 생각하게 만드는 정신적 요소인데, 이것을 사람이 앞에 있다고 해서 소홀히 하면 안 될 것이다. 끊임없이 당신을 사랑한다고 말하는 것보다 당신이 미울 때도 있고 고울 때도 있겠지만 당신이 없으면 나는 살 수 없다고 표현하는 것이 상대의 마음을 안정시키는 데 훨씬 강력한 힘을 발휘할 것이다.

사별자에게 있는 기존의 방은 비록 세상에 없지만 전 배우자와 함께 살아온 날만큼 쌓아온 방이다. 그 방을 억지로 없애려 하면 안 되는 것이니 그 방은 그대로 두고 새로운 방을 알뜰살뜰 꾸미는 쪽으로 방향을 잡으면 좋은 결과가 있지 않을까 싶다.

사별자끼리 만나면 행복할까?

비사별자와 사별자의 조합에 차이가 있다 보니 상황파악이 어느 정도 된 사별자들은 방향을 좁히게 된다. 미혼자는 아이를 양육해 보지 않아서 안 될 것 같고, 이혼자는 정서가 좀 다른 것 같고, 그러면 같은 사별자끼리 재혼을 하면 자녀 양육을 공동으로 할 수 있으니 좋지 않을까 하는 것이다. 그러나 그렇게 조합이 된다 하더라도 근본적으로 자기 친자식이 아닌 이상 자신이 원하는 만큼 성에 차게 역할을 해줄 수는 없는 일이다. 오히려 더 착각을 하게 만들 수도 있다.

실제 여기에 해당하는 예를 들어보면 전처에 대한 애틋한 감정을 고스란히 간직하고 있고 아들딸을 둔 사별남 C씨와 어린 딸을 애지중지하는 사별녀 L씨가 오랜 탐색 기간을 거쳐 연애를 하고 재혼을 했다. 남자는 흠잡을 곳 없이 외모나 경제력, 품성 등 모든 것을 갖추었고, 여성 역시 미모에 바지런한 살림 솜씨, 유순한 성격이라 환상적인 커플이라고 전부 부러워했다. 나이 차이는 났으나 재혼에 있어서는 나이 차이는 어느 정도 있는 것이 오히려 낫다는 풍문이 더욱 이 재혼부부를 축하하게 만들었다.

하지만 불과 몇 달 못 가서 헤어지고 말았다. 사별자끼리 그것도 품성이나 모든 것이 조화로운 남녀가 만났는데 왜 헤어졌을까? 그들이 갈라선 후 물어보지는 못했지만 재혼 전에 그들이 갖고 있는 모습을 보고 필자가 유추해 보면 이렇다. 그들은 서로의 전 배우자에 대한 잔영이 그대로 남아 있었고(남자 집에는 전 배우자 사진이 거실에 그대로 있을 정도였다) 서로 자신의 자식들에게 너무나 집착하고 있었다. 그래서 상대가 자신의 자식에게 부모 역할을 해주길 기대했었고 그 기대가 충족되지 않아 헤어지게 된 것은 아닐까 생각해 본다.

리처드 도킨스의 《이기적인 유전자(The selfish Gene)》라는 책을 들먹거리지 않아도 사람은 본디 이기적이다. 그 이기적인 성향이 상실이라는 공통분모와 상호 필요성에 의해 결합을 한다고 해서, 어느 한 쪽이 조금이라도 희생을 요구받는다고 생각되고 자신의 욕구는 충족되지 못한다면 사별이라는 동질의 아픔은 서로를 껴안게 만드는 요소가 되지 못한다. 그저 너의 아픔, 나의 아픔일 뿐이다.

그들의 충족되지 못한 욕구는 자신의 자녀에게 상대방의 희생이 부족하다고 느꼈기 때문이 아닐까 추정해 볼 뿐이다. 그런 추정을 하게 만드는 것은 자녀 연령이다. 남자 쪽 자녀들은 이미 어느 정도 성장하여 대학 입시를 준비해야 하므로 거기에 맞는 엄마의 역할이 필요했을 것이다. 그런데 여자 쪽 아이는 아직 어려 놀이공원에 같이 놀러 갈 아빠가 필요하지 않았을까. 아이들이 어릴 적 목마를 태우면서 놀아주던 아빠의 정서를 잊어버린 남자와 아직 키워보지 않은 입시연령의 자녀를 어떻게 대해야 할지 모르는 여자의 거리가 있었을 것 같다.

이런 추정이 어느 정도 맞는다고 가정하면 이들의 재혼은 자식들을 전부 독립시킨 후까지를 내다본 것이 아니라 당장 눈앞에 보이는 자녀들의 결핍된 부분을 채워주는 것이 주목적이었지 않나 하는 생각을 하게 한다.

자녀를 양육해야 하는 시기에 자녀에 대한 상대방의 역할기대가 어느 정도 사랑의 감정을 태동하게 만드는 계기가 될 수 있을지언정 그것이 주된 목적이 되어서는 안 될 것이다. 비단 이런 사례를 들지 않아도 깊게 생각해 봐야 할 문제다. 그렇다고 해서 자녀를 도외시하고 노후보험 드는 식으로 재혼 상대를 고르겠다고 하면 그도 생각해 봐야 할 문제가 많겠지만 말이다.

사별자와 이혼자는 분명히 정서 자체가 판이하게 다르다. 그러나 그건 홀몸이 된 형태가 다를 뿐이고 홀몸 초반에 정서가 다를 뿐이다. 사별자도 혼자된 지 대략 5~6년이 흐르면 재혼에 임하는 자세가 비사별자와 별반 다르지 않고 통상적인 재혼시장 정서에 편입하고 만다. 재혼시장 정서라고 하는 것은 그 시장 안에서 고유하게 형성되는 눈치, 평가, 계산 이런 것들인데 사별자라고 해서 죽을 때까지 사별의 정서를 온전히 갖고 사람을 만나지는 않는다는 말이다.

2부
재혼의 조건

✱ Second Wedding

눈물 나는 프로필 프레젠테이션

홀몸들이 결혼정보회사를 통해서나 아니면 개인적으로 이성을 만나 자신의 프로필을 드러내야 할 때 누구나 한 번쯤 심한 자괴감이 들 것이다. 내가 왜 이런 곳에 와서 이런 프로필을 써야 하고 밝혀야 하는가 하는 자괴감 말이다. 그런 생각이 든다는 것은 아직 자기정리가 안 되어 있고 재혼을 해야겠다는 마음보다 당장의 어려운 상황에서 벗어나야겠다는 생각과 외로움을 없애고 싶다는 의식이 지배하고 있는 것이다.

해안가에서 조약돌 줍듯 마음에 드는 사람을 고를 성싶고 언제든 마음만 먹으면 재혼을 할 수 있을 것 같겠지만 재혼 현실은 이러한 근거 없는 자신감을 무참하게 짓밟고 만다. 요행히 새 배우자를 만나 자연스럽게 재혼을 한 경우라면 그건 천운이 닿은 것이므로 하느님에게 감사해야 할 일이다.

1부에서 등장하는 은영이도 그랬다. 결혼정보회사에 스스로 오긴 했으나 커플매니저 최여사가 내민 회원가입원서에 나이, 최종출신학교, 이혼연도, 자녀유무를 쓰면서 옷이 하나씩 벗겨져 알몸이 되는 것 같은 수치심을 느꼈다. 직업란에 가서는 현재의 자신의 위치를 결정적으로 확인했다고 한다. 이럴 줄 알았으면 자격증 하나 정도는 따 놓았을 것을 하는 생각이 명치끝을 송곳으로 찌른 것처럼 아릿해 왔을 것이다. 그래도 명색이 명문여대 졸업생인데 가정방문 학습지 교사라는 게 눈물이 났던 것이다.

학교 다닐 때는 이럴 줄 몰랐다. 졸업 후 회사에 취직했을 때도 몰랐다. 결혼 후 아이 낳고 전업주부로 살 때도 몰랐다. 막상 준비 없이 이혼을 하고 나니 사회에 그냥 내동댕이쳐지는 것이 아직까지 이 땅 여성들의 현실이다. 어린 자녀가 있다면 취업하기도 힘들고 경험이 없어 장사를 하기도 그렇고, 전문 자격증도 없으니 당장 생계유지가 막막해진다. 이런 유형의 홀몸녀들이 우선 많이 선택하는 직업이 가정방문 학습지 교사다.

우리 사회는 이혼여성의 노동력을 재활용하는 데 약하다. 사회적으로도 아무런 보호장치가 없다. 극빈자나 장애인이나 독거노인은 주민센터 사회복지과에서 찾아오기라도 한다. 그러나 홀몸녀는 아무도 찾아오지 않는다. 물론 홀몸남도 마찬가지다. 이래저래 이혼이 차선의 선택이라고 해도 펼쳐지는 현실은 암울하기 짝이 없다. 불길을 피했다고 하지만 푸른 초원을 자유롭게 걷는 것이 아니라 이제는 가시밭길을 걸어야 하는 것이다.

은영이는 이 모든 현실을 오직 혼자 받아들여야 한다. 커플매니저 최여사가 상담과 관리를 해준다 해도 헤쳐나가야 할 몫은 은영이에게 달려 있는 것이며 이런 과정을 현실을 인식하고 받아들이는 계기로 삼으면 좋으련만, 이를 인정하지 못했을 때 희망사항과 자신의 현실에서 오는 괴리감 때문에 오랜 시간을 허비하게 된다.

커플매니저 최여사가 은영이라는 홀몸녀 프로필을 데이터베이스에 입력했을 때 조금 까다로울 것이라 예상했다. 38세 나이는 여자에게 있어 재혼하기 정말 까다로운 나이다. 이 정도 나이에 초혼을 하는 경우도 많고 아직 젊은 감성이 살아있어 짝을 맺어주기가 힘이 든다. 재혼에 있어 40대가 자녀 문제, 50대가 경제력을 중요시한다 해도 전 연령대에서 이른바 필$_{feel}$을 내세운다. 눈에 콩깍지 쓰였다고 하기도 하고 요즘은 필 꽂혔다고 하기도 한다. 감도의 차이는 있어도 30대 연령층에서는 필을 더 중요시하는데 필이 꽂힐 그림을 맞추려면 조합이 어렵다. 짝을 맞추자니 그 연령대 남자들은 아직 재혼시장에 많지 않고 설령 있다 하더라도 경우의 수가 적기 때문이다. 또 한번의 상처가 깊이 파여 있는지라 그 상처를 안고 다시금 사랑을 하기에는 웬만큼 그림이 그려지지 않는다. 그렇다면 커플매니저도 짝 맺어주기가 힘이 든다.

은영이야 젊은 감성이 그대로 살아 있어 '사랑이여 내 사랑이여 다시 한번'을 외치겠지만 대상이 있어야 가능한 것이고 그 대상은 재혼시장에서 희귀하다. 짝을 맞춘다면 이미 40대 중반에 들어선 남성들이 우선순이지만 그 연령대 남성은 30대 정서와 사뭇 다르다. 이미 가정생활을 10년 넘게 해 온 남성들이라 초혼처럼 정서가 되살아나지 않고 기존의 결혼생활 패턴을 여자에게 그대로 요구하는 경향이 많다. 또 그 연령대 남성들은 대부분 초등학교 고학년에서 중학교 정도의 자녀를 둔 상태라 은영이가 그 연령대의 남자와 상대 자녀들에게 적응하기가 수월치 않다는 것도 어려운 점이다. 그래서 커플매니저가 만혼남을 소개했을 것이다.

실제로 통계자료를 보면 홀몸녀와 총각이 재혼을 한 비율이 만만치 않다. 2010년 기준 초혼여성과 재혼남자 혼인건수(13,900건)보다 홀몸녀가 초혼남성과 재혼하는 건수(18,300건)가 더 많다. 홀몸녀와 초혼남성이 결합하는 숫자가 높으니 은영은 연하, 그것도 총각과의 조합을 충분히 고려해 볼 만하다. 물론 사람의 인연이라는 것이 대학입시 작전 짜듯이 될 문제는 아니지만 그래도 재혼을 하려면 이러저러한 생각들도 해봐야 하지 않겠는가.

젊고 예쁜 여자, 돈 많은 남자라는 고정관념

재혼은 고정관념에서 벗어나는 것이 아주 중요하다. 남녀의 나이 차이에 대한 생각도 그렇다. 남자가 여자보다 나이가 어리면 어떠랴. 홀몸녀는 결혼생활을 해봤고 자녀까지 낳아 길렀으니 여성성에 모성애까지 갖추었고 성적 매력을 상실하기는커녕 성숙미까지 곁들었다. 이것은 짧은 치마에서 폭넓은 한복으로 바꿔 입은 격이다. 한 번의 실패 경험과 출산 경험 때문에 자격지심이 생겨 연하남성과 인연이 닿아도 머뭇거리겠지만 생각하기 나름이다.

모성애를 갖춘 연상여성의 성적 매력은 남성의 나이가 다소 많아야 한다는 전근대적 사고를 쉽게 무너뜨릴 수 있는 강력한 힘을 갖고 있다. 그 힘으로 결실이 이루어지면 양가 집안의 침묵 속에서 결혼식을 올리게 된다. 보통 한쪽이 초혼일 경우 정식 결혼식을 올리지만, 연하 초혼남성과 결혼하는 경우 남자 집안 쪽에서도 침묵, 여자 집안 쪽에서도 침묵한 가운데 결혼식이 이루어지는 경우가 많다. 하지만 결혼식은 조용할지라도 여자의 폭넓은 여성성과 남성의 패기와 철없음이 조화를 이루어 조금 요란한 가정생활이 시작될 수도 있다.

그러니 은영이가 연하 초혼남성과 재혼을 생각해 보는 것도 하나의 길임을 염두에 둘 필요가 있다. 그러나 그 연하 초혼남성이 마마보이 기질이 있어 연상여성을 흠모했다거나 사회성 부족이나 모성결핍 증세가 숨겨져 있다면 이는 여성을 피곤하게 만들 것이다. 또 연상여성의 성적 매력이 재혼의 주된 요인이었다면 시간이 흐른 후를 고려해 보지 않을 수 없는 일이다. 그리고 여성이 자녀가 있고 재혼의 목적 중에 하나가 아이 아빠 역할이라면 자녀 양육을 해보지 않은 남성과 재혼에 있어서 이 문제를 참작하고 들어가야 할 것이다.

혼인 종류별 건수 및 구성비

(단위: 천 건, %)

	2000	2001	2002	2003	2004	2005	2006	2007	2008	2009	2010	전년대비 증감
*계	332,1	318,4	304,9	302,5	308,6	314,3	330,6	343,6	327,7	309,8	326,1	16,3
남(초) +여(초)	271,8	252,9	240,0	233,9	231,3	232,0	255,2	265,5	249,4	236,7	254,6	18,0
	(81,9)	(79,4)	(78,7)	(77,3)	(74,9)	(73,8)	(77,2)	(77,3)	(76,1)	(76,4)	(78,1)	(1,7)
남(재) +여(초)	11,4	12,1	11,7	11,8	12,1	13,1	14,0	14,9	15,0	13,9	13,9	−0,1
	(3,4)	(3,8)	(3,8)	(3,9)	(3,9)	(4,2)	(4,2)	(4,3)	(4,6)	(4,5)	(4,3)	(−0,2)
남(초) +여(재)	16,2	17,8	17,1	17,4	19,0	20,1	18,2	19,6	20,6	19,0	18,3	−0,7
	(4,9)	(5,6)	(5,6)	(5,8)	(6,2)	(6,4)	(5,5)	(5,7)	(6,3)	(6,1)	(5,6)	(−0,5)
남(재) +여(재)	31,9	34,5	35,3	38,1	44,3	46,3	41,3	41,9	42,1	39,8	39,1	−0,6
	(9,6)	(10,8)	(11,6)	(12,6)	(14,4)	(14,7)	(12,5)	(12,2)	(12,8)	(12,8)	(12,0)	(−0,8)

* 미상 포함, 남(초):남성초혼, 남(재):남성재혼, 여(초):여성초혼, 여(재):여성재혼

커플매니저가 은영이의 나이를 판단해 일차적으로 30대 후반이나 40대 초반 남성으로 조합을 맞추고 이차적으로는 만혼남성을 염두에 두

었던 것은 이런 통계적 수치에서 나온 판단이다. 연하 초혼남성과 재혼이야 은영이에게 인연이 주어진다면 좋은 것이고 그 전에 최여사가 조합해줄 가능성이 있는 남자는 만혼남성인데 만혼남성은 별 심리적 저항 없이 홀몸녀를 받아들이기 때문이다. 그 결과가 은영이의 자존심에 사정없이 상처를 남겼지만 말이다.

재혼에 있어 나이 조합은 통상적으로 나타나는 현상에 의거해 어느 쪽이 좋다 나쁘다 말할 수 없다. 또 성적인 측면을 강조해 겉모습이 만남과 교제, 그리고 재혼에 이르는 모든 것이라고 할 수도 없다. 생물학적 측면은 고등동물인 인간의 의식, 가치관, 세계관 등을 배제한 것이며 부부로서 함께할 때 정, 연민, 생활, 특히나 재혼에 있어서 중요한 자녀관계, 경제 이런 복잡한 부분을 완전히 배제하고 이야기하는 것이다.

재혼은 오롯이 남녀 둘만 이루어지는 것이 아니라 지금껏 살아오면서 쌓아오고 걸치고 끌고 온 삶의 장식물 모든 것이 결부되어 결합되는 것이다. 성적인 측면이 아무리 중요한 문제라고 해도 실제 재혼생활에 이르기 전 교제 기간에도 그 힘을 발휘하지 못하고 사멸해 버리기도 한다. 재혼이란 나이만 가지고 하는 것도 아니고 외모만 가지고 하는 것도 아니기 때문이다.

재혼시장에서 사람을 많이 만나 본 중년 여성이 이제 막 재혼시장에 진입하여 초혼처럼 나이 서너 살 차이 나는 남성을 찾으려는 젊은 여성에게 이렇게 말하는 경우가 있다.

"재혼은 띠동갑 정도는 괜찮아. 아니 차라리 남자하고 나이 차이가 나야 좋다니깐."

　젊은 여성에게 해주는 이런 말은 나이 차이가 있으니 여자가 좀 어리광을 부리거나 살림을 못해도 너그러이 예뻐해 줄 것이라는 보편적인 사고이기도 하다. 그러나 그 이면을 파고 들어가면 여자가 나이가 어려 여러 가지 부족한 면이 많더라도 성적인 측면에서 덮어씌울 수 있다는 뜻도 내포되어 있다. 가령 남자가 40대 초반이고 여자가 30대에 이제 막 접어들었다고 하면 성적으로 큰 갭이 발생하지도 않을 것이며, 남성의 경제력도 나이 차이를 극복하는 데 한몫을 할 것이다. 그래서인지 재혼커플들 중 띠동갑이 심심찮게 이루어지고 별 탈 없이 사는 것도 목격된다. 또한 앞서 상황에서 설명하였듯이 30대 초ㆍ중반 여성의 연령에 알맞은 남성이 재혼시장에 많지 않기 때문에 자연스럽게 나타나는 현상이기도 할 것이다.

　"야, 여자 나이 마흔다섯이면 틀렸고 마흔아홉이면 아무도 안 쳐다본다."

　이 말은 홀몸녀들이 농으로 주고받는 말이다. 남성이 여성에게 이끌리는 일차적 면은 우선 시각에 의존하는 부분인데 시각적으로 여성 나이 마흔 다섯이 넘어서면 그때부터는 남성에게 성적 어필을 할 수 있는 시기가 지났다고 여성 스스로 평가하는 것이다. 이를 직감한 여성들은 초조해지기 시작한다. 이것도 순전히 재혼 성사를 성적인 측면에서만 바라보는 시각이다. 재혼이 성적인 측면만 가지고 이루어지는 것이 아님에도 불구하고 여성 스스로 그렇게 평가하는 것은 재혼이라는 새로운 삶을 보는 총체적인 사고에 문제가 있는 것이다. 띠동갑이라는 연령 차이에도 불구하고 재혼이 이루어지는 것은 여성들의 이런 불안심리 때문일 수도 있을 것이다.

나이 부분에 있어서 남성은 여성에 비해 상대적으로 여유롭다고 생각된다. 홀몸들의 만남은 성과 경제라는 표피적이고 1차적 중요 조건을 통과해야만 지속적으로 이끌 수 있는데 남성은 나이보다는 경제력에 더 집중되기 때문이다. 어이하든 이 1차 감각, 즉 필이라고 하는 관문을 통과한 다음에야 내면의식인 가치관, 인성, 성격 등을 따져 보게 되는 것이니 여성은 나이와 미모, 남자는 경제력에 신경을 쓰지 않을 수 없을 것이다.

이렇게 표피적 부분에 선호도가 결정되는 것은 남자는 여자가 예쁘고 젊으면 우성인자를 생산할 수 있을 것이라는 진화 심리 때문일 것이다. 반면에 여자는 남자가 경제적 능력이 좋으면 그 또한 우성인자를 받을 수 있고 보호받을 수 있을 것이라고 여긴다. 이것을 진화 심리학에서는 후광효과라고 부른다. 따라서 여성의 젊음과 미, 그리고 남성의 경제력은 원초적 끌림의 단초가 될 수 있다. 적어도 상대를 깊이 이해하기 전까지는 말이다. 그래서 과거가 있는 여자는 얼마든지 용서할 수 있어도 미모가 떨어지는 여자는 용서하지 못하는 남성의 세계가 재혼시장에서 노골적으로 드러나기도 한다.

초혼이 아닌 재혼에 여성의 나이와 외모가 이렇게 결정적으로 작동하는 것은 초혼 연애처럼 자연스럽게 어느 공간에서 자주 접하면서 친숙해져 외모의 감각이 무디어지고 내면의 의식이 교합되기 어렵기 때문이다. 재혼은 상대방을 두고두고 보며 살필 수 있는 여건이 쉽게 형성되지 않는다. 따라서 여성은 나이와 외모, 남성은 경제력이라는 공식이 별다른 거부감 없이 성립된다.

이런 생물학적 현상을 여성들도 간파하는바 미모가 뛰어난 여성은 많은 재혼 희망 남성들을 휘몰게 되는데 이를 자본의 잉여논리에 활용한다는 소문이 횡횡한다. 이른바 '알바' 라는 것이다. 재혼 남녀의 만남을 주선하는 회사에서 미모가 뛰어난 여성을 여러 남성들에게 전시함으로써 훌륭한 재원을 확보하고 있다는 광고 효과를 보기도 한다는데 어디까지가 사실인지 모를 일이다.

하지만 재혼을 생각하는 남성들이 술자리에서 농으로 여자 조건을 들먹거리다가 조금 진지해지면 말을 바꿔 이렇게 말한다.

"야, 재혼해서 사는데 여자 얼굴 뜯어 먹고 살 일 있냐? 젊은 여자 데려다 놓고 감당할 자신 있냐? 재혼할 여자는 그저 마음 잘 맞고 속 편하게 같이 늙어갈 수 있으면 최고야."

중년 홀몸 남자들끼리 성적인 농담을 하다가 소주병이 추가로 주문되면 이제는 삶의 문제로 내용이 바뀐다. 그러다가 다시 소주병이 추가될쯤 이런 말에 동의가 이루어진다.

"그래, 젊고 예쁜 여자 뭐 필요하냐. 그런 여자하고 안 살아 봤냐? 그저 늙어서 같이 손잡고 병원에 갈 여자면 최고지."

연륜은 속이지 못하는 법이다. 아무리 젊고 예쁜 여자가 보기 좋다고 해도 그건 홀몸이라는 고단한 삶을 거쳐 나온 정제된 감각이 아니다. 중년 홀몸 남자들이 이왕 이렇게 된 거 젊은 여자만 찾는 것 같지만 실제 그 속을 파고 들어가면 남은 인생을 함께할 배우자를 찾는 것이다. 그러니 중년 여성이라고 해서 절대로 기죽을 필요가 없는 것이며 성적신호만 보낼 것이 아니라 다른 신호도 신경을 써야 한다. 그것은 젊은 여자들에 비해 상대적으로 풍부한 여성성이다.

재혼시장에서는 미모가 뛰어난 여성만 전시하는 것이 아니다. 직장이나 경제력이 경쟁력 있는 남성을 여성들에게 전시하기도 한다. 실제 필자가 알고 지내던 C씨는 한동안 보이지 않더니 어느 날 나타나 이런 말을 했다. 괜히 여자도 제대로 못 사귀고 돈만 썼다는 것이다. 이유인 즉 성격 좋고 직업 좋은 C씨는 재혼을 하기 위해 소개소에 가입을 하여 몇 번 여성을 만나 보았다는 것이다. 만나는 여성마다 괜찮다는 느낌이 들어 계속 만나려 하면 더 좋은 여성이 있으니 한 번 더 만나 보라는 매니저의 말 때문에 한 여성을 제대로 오랫동안 만나보지도 못하고 이래저래 비용만 들었다는 것이다. 이런 현상을 통해서 증명되듯이 재혼시장에서 여성의 미모, 남성의 경제력은 일차적 무기임이 부정할 수 없는 사실이다.

이런 현상 때문에 역설적으로 미모가 뛰어난 여성과 경제력이 좋은 남성이 오히려 재혼이 어렵기도 한 것 같다. 또 자의적이든 타의적이든 선택의 범위가 넓다 보니 사람을 만나도 재혼기회를 다음으로 미루기도 한다. 그리고 무엇보다 미모와 경제력에 뛰어나 소위 재혼시장에서 통용되는 표현으로 '골라잡기'와 '간택 받기'로 재혼을 한 경우 필자의 관찰 내에서는 온전히 가정을 꾸리고 사는 사람을 본 적이 없다. 그리고 남성에 있어서는 또 다른 중요 변수가 있는데 그것은 자녀의 연령과 숫자다. 남성은 자신이 직접 양육하고 있는 자녀의 연령이 낮거나 수가 많을 경우 여성의 선호도에서 크게 제약을 받는다.

왜 그럴까? 남성은 여성이 자녀를 양육하고 있어도 재혼을 결정하는 데 결정적으로 작용하지 않는 반면 여성은 상대방 남성의 자녀 연령과 숫자에 민감하게 반응한다. 그건 아무래도 여성이 양육을 떠맡아야 한다는 선입적 부담감 때문일 것이다. 남성이 경제력이 있어도 자녀가 많거나 어리면 여성들이 기피하는 현상이 강하기 때문에 이 점에 있어서 자녀를 양육하고 있는 남성들이 전전긍긍하는 모습을 자주 볼 수 있다. 어떤 여성은 남성의 자녀를 유학 보내라는 말도 서슴없이 하곤 하는데 자녀가 재혼 성사나 재혼가정 유지에 걸림돌이 된다는 것은 부정할 수 없는 사실이다. 필자가 재혼클럽에서 수 년간 재혼 성사를 목격했지만 여성이 자녀 셋을 동반하여 재혼한 경우는 봤어도 자녀 셋을 양육하고 있는 남성이 재혼을 했다는 소리는 딱 한 번 들어 봤다. 그것도 소문으로만 말이다. 어린 다자녀를 둔 남성을 여성들은 겁난다고 표현을 한다. 이는 배척할 의식이 아니라 여성의 입장에서 이해를 해야 한다. 이렇게 재혼에 있어서 걸림돌이 되는 자녀 부분은 전환적 의식이 반드시 필요하다. 그것은 초혼의 의식을 재혼에 대입시키지 말자는 것인데 이는 이 책 뒷부분 재혼파트에서 좀 더 세밀하게 이야기하고자 한다.

이혼사유, 그리고 상처의 극복

커플매니저 최여사가 지금껏 헤아릴 수 없이 수많은 홀몸들의 프로
필을 입력하면서 발견한 것이 있다. 둘 중 한 명은 이혼사유로 '성격차
이'를 써 놓는다는 것이다. 은영이 역시 프로필에 성격차이를 썼는데
재혼 짝을 맞추는데 제일 어려운 이혼사유가 성격차이다. 전 남편이 바
람을 피웠다든지 상습 폭행을 했다든지 도박이나 돈 문제 때문에 이혼
을 했다면 이혼사유가 선명하게 드러나니 대상을 피하면 될 일이다. 하
지만 성격차이는 그 내면이 복잡하고, 성격차이라고 주장하는 자신도
딱히 설명하지 못한 추상적 표현이라 일반적으로 성질, 성격 또는 성정
으로까지만 이해를 할 뿐이다.

이 성격차이는 참으로 애매모호하고도 어려운 말이다. 한 손에 달린
손가락도 길이와 크기가 다르고, 한 배에서 태어난 형제들도 성격이 다
르며, 심지어 일란성 쌍둥이도 어느 정도는 성격차이가 있다. 이런 차
이 때문에 이혼을 했다는 것은 아닐 것이고 결혼 전에 이미 신경정신과
치료를 받아야 할 정도의 심각한 성격 때문이었다면 협의이혼까지 가

지 않았을 것이다. 이미 이혼 전에 무슨 사단이라도 났을 것이며 대체적으로 소송이혼을 했을 것이다.

성격차이 때문이라면 성격이 달라도 결혼을 했을 그 무엇이 있었을 것이다. 성격이 좋아서 결혼했다는 말은 있어도 성격이 같아서 결혼했다는 말은 들어보지 못했다. 살다보니 성격차이 때문에 헤어졌다면 그 차이를 극복할 수 없을 정도로 부부간에 모순이 심화되었을 것이고 그 모순을 심화시키는 그 무엇이 있었을 것이다. 그 무엇이 무엇이었는지 이혼 초반에는 이혼 자체에 대한 분노와 배신감 때문에 전혀 인식하지 못하고 있다가 세월이 흐른 후에 조금씩 그 정체를 알아가기 시작한다. 홀몸의 세월이 쌓이면서 얻어지는 깨달음이다.

성격차이라고 뭉뚱그려서 말하지만 그 속에 가치관, 삶의 태도, 세계관, 상호 간의 존재의식, 상대에 의한 자기정체성 미확보, 돈 같은 물질의 손익관계, 가족갈등 이런 모든 것들이 내포되어 있는 것이다. 이런 것들은 결혼 전부터 어느 정도 모순을 갖고 있지만 그 모순을 불식시킬 수 있는 그 무엇이 있었기 때문에 결혼을 할 수 있었을 것이다. 사랑해서 결혼한다고 하는데 하느님이 인간을 사랑하는 것이나 부모가 자식을 사랑하는 절대적 사랑이 아닌 이상 인간끼리 그것도 남녀끼리의 사랑에는 반드시 이유가 있다. 그 이유가 결혼생활을 하면서 소멸하거나 남아 있다 하더라도 다른 갈등요소가 기존의 사랑을 덮쳐버리면 함께 했던 사랑의 이유는 방어력이 약해 사랑이 있었다는 그 사실조차도 없어지게 된다. 그래야 이혼 후 자신이 숨 쉴 수 있고 버틸 수 있기 때문이다.

이제 막 이혼을 한 사람들을 만나 하소연을 듣고 있다 보면 밤이 새는 줄 모르게 전 배우자, 그러니까 이제는 남이 된 어제의 남편·아내에 대한 원망을 쏟아내는 것을 보게 된다. 어쩌다 이혼사유에 대한 이야기가 자연스럽게 나오면 과거 피해사례가 다큐멘터리로 방송되기 시작한다. 콧구멍이 두 개니 숨을 쉬었지 한 개라면 숨 막혀 죽었을 거라는 것이다.

이야기를 듣고 있다 보면 반사회성 인격 장애자 정도인 사람과 살지 않았나 의심이 될 정도다. 이런 의심은 그럼 뭣 때문에 그런 인격 장애자와 결혼을 했을까 하는 의구심을 불러일으킨다. 물론 거기에 대한 답변은 이미 마련되어 있다. '그런 사람인 줄 몰랐다'이다. 이 책임은 누가 질 것인가. 책임소재에서 벗어나기 위해 구체적인 사례를 쏟아내는 것은 자신에게 위로는 될 수는 있을지언정 재혼에 있어서는 결코 도움이 안 된다.

이런 경우들이 왕왕 있을 것이다. 연애기간이 길었던 결혼이라면 서로 친구들을 잘 알고 있을 것이고 이혼 후 상대방 친구들을 만나게 되는 경우 말이다. 어떤 소속된 무리 속에서 만나게 되면 자연스럽게 상대방 지인들을 만날 수밖에 없는데, 그럴 때 이혼의 책임을 상대방에게 일방적으로 돌리면서 여과되지 않는 악감정으로 쏟아내면 그건 '죄수의 게임'에 자신이 스스로 빠져버리는 것에 지나지 않게 된다.

죄수의 게임이란 죄수의 딜레마라고도 하는데, 상호 협력을 통해 이익이 되는 상황을 만들지 않고 서로 믿지 못해 불리한 상황을 만드는 것을 뜻한다. 동일한 지인들에게 두 사람 다 똑같이 상대방에게만 혐의를 씌우면 내 혐의가 가벼워지는 것이 아니라 둘 다 결혼생활을 충실히 하지 않았다는 의심을 받게 된다.

결혼식에 참석했던 지인들에게 자신의 무죄를 입증하기 위해 전 배우자에게 혐의 뒤집어씌우기를 한다고 하여 너는 잘못이 없다고 인정받는 것은 아니다. 오히려 지인들은 비탄과 분노에 몸을 떨고 있는 당사자 앞에서 '너도 뭔가 잘못을 했겠지'라는 말을 못하고 있을 뿐이다. 심지어는 부모형제마저도 핏줄이고 자식이기 때문에 일단은 무조건 감싸고 나서겠지만, 다른 한편으로는 자기 핏줄도 부족한 부분이 있었을 것이라고 생각한다. 물론 내색은 하지 않을 것이지만 집안과 갈등이 생기면 '너가 그러니까 이혼을 했지'라는 비수를 부모형제에게 맞을 위험도 내포하고 있는 것이다.

이혼은 죄가 아니다. 그냥 상처인 것이다. 형벌을 감수하고서라도 이혼할 사유가 있었다면 그 상처 때문에 고통스러운 상황은 스스로 감내해야 한다. 그러나 혼자서 삭히고 감내하기에는 그 상처가 너무나 엄청나다. 그래서 이를 가슴에 묻고 있다가는 병이 나겠기에 핏줄이나 편한 지인들에게 심정을 토로하는 것이다. 그렇게라도 해야만 당장 숨을 쉴 수 있으니 말이다. 하지만 이것이 재혼을 하기 위해 만난 이성 앞이라면 문제가 달라도 크게 달라진다.

재혼을 목적으로 만난 이성이 가장 묻고 싶은 것이 이혼사유다. 첫 만남 자리가 아니라 몇 번 만나게 되면 자연스럽게 이혼사유가 소재로 오르게 된다. 그럴 때 생각 없이 전 배우자에 대해 남아 있는 감정 그대로 여과 없이 말한다면 새로 앞에 앉아 있는 이성은 그대로 받아들이지 않는다. 성격이 너무 강하군, 아집이 있겠는데 이렇게 생각하기 십상이다.

이미 상대는 이혼 문제에 있어 한쪽 이야기만 들어봐서는 모르므로 양쪽 이야기를 다 들어봐야 된다는 기본지식을 습득하고 있다. 그렇다고 해서 상대방이 어떻게 이혼을 했는지 알아보려고 전 배우자를 만나지는 않는다. 그러므로 자신과 전 배우자를 공히 알고 있는 지인들에게 하던 식으로 새로운 사람에게 감정적 증언을 하는 것은 어리석은 짓이다. 내 가슴에서 피눈물이 나도록 억울하고 죽고 싶을 정도로 전 배우자가 밉더라도 새로 만나는 사람에게는 그런 감정을 비치면 득 볼 것이 하나도 없다. 그냥 성격이 맞지 않았는데 극복하기 힘들었지요. 물론 극복을 못한 것에 저에게도 일정 부분 책임이 있을 것이고……. 이 정도에서 대답을 하는 것이 아주 좋다고 생각한다.

물론 이것은 기술적인 부분만 일컫는 것이 아니다. 실제로 그 정도로 승화가 되어야 한다. 그런데 그게 어디 쉬운 일인가. 자기정화를 거쳐 승화의 단계로 이르기가 어디 쉬운가 말이다. 이혼이 사람의 성품을 파괴하면 파괴했지 깊고 맑게 만들겠는가. 쿨하게 헤어진다고 하지만 정말 말처럼 쿨하던가. 그냥 잠시 오다가다 만나 동거생활을 했다면 모를까. 양가 집에 결혼 승낙을 받고 친지 동네분들 다 모셔 보란 듯이 결혼식 올리고 집 얻어 살림 차리고, 애 낳아 키우며 살아오다 이혼하여 남남으로 헤어졌는데 정말 쿨하던가.

어떤 이는 술로, 어떤 이는 고통을 마취시켜 줄 또 다른 상대를 구하기 위해 곪아있는 자신의 내부를 가린 채 나선다. 하지만 결과는 마찬가지로 악순환이다. 그래서 결혼정보회사에 심리상담소를 운영하는 것이다. 물론 결혼정보회사는 영리를 목적으로 운영되는 만큼 심리상담 역시 영리를 위한 부속적인 서비스일 것이지만 이런 곳이라도 가서 상담을 받아보고 자기점검을 해 보는 것이 나을 것이다.

또 성격차이로 이혼을 했다고 주장하는 사람 치고 자기주장 강하지 않은 사람이 별로 없다. 그리고 성격이 유순했던 사람도 이혼 과정을 거치며 강한 성격이 되기 쉽다. 특히 여성은 이 점에 있어 더욱 강화된다. 이혼녀로 세상에서 살아남기 위해서는 말이다. 태생적 기질이 있고 없고를 떠나서 이혼은 자기논리를 형성하게 만들어 버린다. 논리의 정합성을 떠난 자기주장은 주변과 세상에 대한 방어기제인 것이다. 보는 사람에 따라서는 자기합리화로 비쳐질 수도 있겠지만 사람은 자기합리화를 하지 못하면 살기 힘들다.

고통이 체질적으로 버겁거나 맞서기 힘들면 자기가 자기를 공격하는 자기혐오감에 빠져 버린다. '그래. 내가 못났어, 내가 바보고 다 잘못했어.' 이렇게 자기비하를 넘어 자기혐오감으로 치달으면 우울증이라는 병이 담을 타고 넘어오려고 한다. 이를 사전에 막기 위해 무의식적으로 발동하는 것이 자기합리적 논리이다.

그 논리에는 감정이 실린다. 그 감정이라는 것은 담장에 박아놓은 쇠꼬챙이 같아서 엄청 날카롭고 위험해 보인다. 시쳇말로 까칠하다고도 표현한다. 이것은 어쩌면 자기 성찰을 시작하기 전에 거쳐야 하는 감정의 흐름일 수도 있겠지만 부부생활을 영위하고 있는 일반 사람들이 봤을 때는 겁이 날 정도로 성격이 강하게 비쳐진다. 상처 입은 짐승이 쉽게 드러내는 이빨처럼 느껴지는 것이다.

상처는 시간이 흐르면서 자연 치유되기도 하지만 깊어지기도 한다. 상담치료를 받지 않고도 세월이 흐르면서 점차 자신을 되돌아보게 되고 전 배우자에 대해 이해를 조금씩 하게 됨으로써 사고의 틀이 넓어지고 부드러워지기도 하지만, 사람에 따라서는 상처가 덧나 철갑옷을 입은 듯 융통성과 유연성이 사라지고 타자에 대한 배려나 이해 따위는 찾아보기 힘들어지기도 한다. 그래야만 견딜 수 있기 때문이다.

자신의 상처가 제대로 치유되지 않은 상태에서 또 다른 상대방을 만나 또다시 헤어지기를 반복하다 보니 심수봉 노래처럼 남자는 다 그래 여자는 더 그래 식으로 비뚤어진 관념이 고착화되어 간다. 상처로 인해 기이하게 형성·고착된 관념은 점차 사람의 발길이 닿지 않게 되고 그럴수록 자신을 견디기 위해서 누가 건드려도 냉소로 묵살해 버릴 관념을 공고히 쌓아나간다. 내 생각만 옳고 너는 틀리다고 하는 자가당착 관념은 결국 무인도에 고립시킨다. 고립되지 않으려면 나와 다르다고 해서 틀린 것이 아닌 단지 너와 내가 다름을 인정하는 훈련을 해야 한다. 그것이 프랑스어로 똘레랑스라고 한다. 인정을 넘어 관용으로 나아가는 똘레랑스다. 재혼을 준비하는 홀몸들에게는 가장 준비되어야할 부분이 이것이기도 하다. 이것이 있어야 사랑도 생기고 재혼생활도잘 유지되기 때문이다.

꼭 필요한 주변과 자기정리

흔히들 재혼을 염두에 둔 사람들에게 자기정리가 된 후 사람을 만나라고 한다. 이 말에는 여러 가지 의미가 내포되어 있을 것이다. 전 배우자와 헤어진 감정이 아직 진정되지 않은 채 새사람을 만난다는 것은 전 배우자에 대한 잔상을 새사람에게 투사할 위험성이 있다. 가령 전 배우자가 외도로 헤어진 경우라면 혹시 새사람도 외도를 해서 이혼을 한 것이 아닐까 하는 의심을 떨쳐 버리지 못하기 쉽다. 그런데 과거의 경험이 현재의 상황에 의심을 불러일으키는 건 상대 때문이 아니라 자신 안에서 발생한다.

이혼만 하면 전 배우자와 관계가 전부 정리될 줄 알지만 감정은 오래 가고 자녀 문제는 평생 갈 수도 있다. 정서적인 문제뿐만 아니라 현실적으로도 많은 부분이 전 배우자와 연결되어 있을 수 있는데 이런 부분이 확실히 정리되지 않고 새 만남을 갖는다면 자신이 자신을 괴롭힐 뿐 아니라 상대방도 괴롭힐 수 있는 소지가 다분히 잔존하게 된다. 전 배우자와 헤어졌다고 해서 부부라는 인연 속에서 생긴 숱한 사연과 감정을 깨끗이 정리하라는 것은 말처럼 쉽지는 않을 것이지만 그래도 털고 가야 하는 것이다.

털고 가야 하는 것 중에 우선이 자기 평가일 것이다. 홀몸이 되고 난 사람들의 특징 중 하나가 자기 혐의에 대해 절대 인정하지 않는다는 것이다. 즉 이혼 귀책사유가 자신에게는 절대로 없다고 생각하는 것이다. 명백한 이혼사유에 해당하더라도 이를 인정하는 것은 사람인 이상 쉽지 않을 것이다. 그런데 이런 상태에서 새사람을 만나면 대부분 오래가지 못하고 이별을 고하는 것이 쉽게 목격된다. 재혼시장에 흘러들어 온 홀몸 초년생들이 당장의 갈급한 외로움이나 전 배우자에 대한 보상심리로 새사람을 만나면 이전의 아픈 과거는 물로 씻은 듯 다 떨쳐 버릴 것 같지만 실은 똬리 틀고 있는 일그러진 상처에 재물을 바쳐 잠시 안정이 되는 진정제 역할밖에 되지 않는다. 그리고 이런 결과의 피해는 결국 자신에게 돌아오고 만다.

사연이야 어찌 되었건 재혼시장에 흘러들어 온 사람들의 심리 변화를 오랫동안 관찰해보니 다음과 같은 흐름으로 읽어낼 수 있었다.

이혼 3년까지는 상대방에 대한 원망, 미움, 증오로 모든 이성이 전 배우자와 같을 것이라고 일반화하는 경향이 있고 자신의 잘못은 없다는 자기 순결주의가 팽배해 있다. 그러면서 주변의 사람들이 모두 내 편을 들 것이라는 착각을 하고 뭔가 새로운 미래의 주인공이 될 수 있다는 희망을 갖고 있기도 하다.

이후 조금 더 세월을 보내게 되면 주변이 내 편이 아니라는 것을 알게 되고 냉혹한 현실 속에서 오로지 나밖엔 없다는 것을 파악하게 된다. 그러면서 서서히 이성이 그리워지고 밉기만 했던 전 배우자와 간혹 전화도 나누게 되면서 어찌 되었건 자식 앞에 부끄럽지 않게 살아가 주길 바라는 마음도 잉태한다. 이 시기에 처한 사람들의 큰 특징 중 하나는 누가 이혼을 한다고 하면 한번 더 생각해 보라는 말을 한다는 것이다. 자기 감정이 어느 정도 진정이 되고 홀몸의 어려움에 대해서 현실적으로 인정하게 되는 것이다.

이런 시기를 또 지나 홀몸 5년을 넘기면 자신의 이혼 귀책사유에 대해 인정하는 말들을 간간히 드러낸다. 남자들 경우 외도 때문이었다면 이를 드러내는데 그리 고통스럽게 느끼지 않는 것을 보게 된다. 그 밖에 다른 귀책사유가 있었다면 입 밖으로 드러내지 않을 뿐 대부분 침묵으로 일관하며 자신의 잘못을 수긍하는 태도를 보인다. 반면에 여성의 경우 자신을 돌아보는 것보다 현실적으로 홀몸으로 살아가는 것이 어렵다고 토로하는 모습을 보인다. 과거를 돌아보는 것보다 잊어버리는 경향이 큰 것이다.

하지만 이렇게 초혼 실패에 자신이 얼마나 책임이 있는지 돌아본다고 해서 재혼에 그 성과가 쉽게 반영되지는 않는 것 같다. 재혼으로 어쩌면 원점회귀가 될 수 있기 때문이다. 혼자였을 때는 과거를 돌아볼 수 있을지라도 다시금 누군가 새로이 함께할 경우에는 본래의 자신의 모습이 떠오를 수 있다. 이런 것은 홀몸 초년일 경우 더 강하게 나타난다. 과거를 냉정히 돌아보고 자신의 아픔을 달래고 용서하며 냉철히 자신을 수정해 체화되기에는 이혼 후 2~3년의 기간은 너무 짧은 시간이다. 더군다나 일찍 재혼에 성공한 경우에는 초혼 실패를 반추해보기보다 초혼 때 단순히 짝을 잘못 만났다는 자기 증명의 함정에 빠질 가능성이 높다. 따라서 필자는 초혼 실패 후 어느 정도 시간이 흘러 자기정리나 반추가 충분히 숙성된 상태에서 재혼에 이르는 것이 실패를 줄이는 길이라고 생각한다.

간혹 결혼정보회사에서 재혼은 초혼 실패 후 3년 안에 하라는 말을 하곤 하는데 이는 가정 감각을 상실하지 않은 시기 안에 하라는 말이다. 하지만 그 안에는 자기정리가 어느 정도 완결된 상태라는 단서가 빠져 있다.

또 감정만 정리 안 된 것이 아니라 실제 전 배우자와 관계 청산도 되지 않은 채 재혼시장에 나온 사람들이 얼마나 많은가. 위자료 문제, 주택, 아이 면접권, 양육비 등 이러저러하게 얽히고설킨 부분들이 채 정리되지 않아 전남편이 찾아와 난리 치고 전처를 만나서 한바탕 싸우고 오는 경우도 왕왕 있다. 이런 상태에서야 어디 새사람을 맞이하겠는가. 새로 만나는 사람에 대한 예의가 아니다.

심지어는 새사람을 전 배우자와 정리하는 하나의 방법으로 동원하는 경우도 있다. 사랑이라는 명목으로 동원하지만, 그게 나쁘게 표현하면 새사람을 이용하는 것이지 어디 사랑하는 것인가. 사실 말이 나왔으니 말이지 전 배우자와 살았던 만큼 쌓여 있던 것도 많을 텐데 그것을 정리하는 것이 컴퓨터 포맷하듯이 싹 정리되겠는가. 하지만 적어도 마음은 그렇다 치고 생활과 관계되는 것만이라도 정리가 되어 있어야 하지 않겠는가. 흔적이 남아 있지 않을수록 새롭게 출발하는 데 걸림돌이 적은 것이다. 그래서 재혼이 새혼이 되기 위해서는 자기정리가 깔끔해야 한다.

하지만 어디 말처럼 정말 그럴 수 있겠는가. 사람의 기억을 완전무결하게 지울 수는 없는 일이다. 또 전 배우자 사이에 자녀가 있다면 부득이 연락을 취해야 할 경우도 있다. 하지만 적어도 새사람 앞에서는 정리된 말이 자연스럽게 나와야 할 정도는 되어야만 하는 것이다. 특히나 이혼사유가 성격차이라고 내세운다면 심리적·정서적 감정들을 끌고 가서는 안 되고 털어버리고 가야 한다. 여전히 전 배우자에 대한 애증이 펄펄 살아 숨 쉬고 있는데 새사람을 만난다는 것은 새로운 사랑을 만들고 있는 것이 아니라 실은 자신의 들끓는 감정을 일시적으로 마취시켜 줄 희생양을 만들고 있을 뿐이다.

누가 정리 안 된 그 감정의 희생양이 되려고 하겠는가. 그대가 새로 만난 사람이 아직도 전 배우자에 대해 복잡미묘한 감정들이 널뛰기하고 있는 것이 감지된다면 그대는 머물 수 있겠는가. 열 명이면 열 명 다 뒤돌아 가버린다. 왜냐하면 가슴에 가시가 부숭숭한 고슴도치라서 갈기가 멋진 사자를 만나든 귀여운 토끼를 만나든 예쁜 사슴을 만나든 껴안기만 하면 가시에 찔리기 때문이다.

이혼으로 생긴 상처가 아물기 전 당장 외롭기 때문에 새로운 사람을 만나 설혹 사랑하는 감정이 생성된다 하더라도 그 감정은 위험한 가짜 감정에 불과하다. 가짜라고 해서 사기감정과는 다르다. 사기감정이 목적을 달성하기 위해 의도적으로 지어낸 거짓이라면, 가짜감정은 자신의 감정이 진짜라고 믿고는 있으나 건강하지 못한 것이다. 허약해서 쉽게 부서지며 극히 불안하다. 현재 결핍된 욕망과 정신적 허기를 당장 채워 주지 않거나 원하는 방식과 결과만큼 상대로부터 채워지지 않으면 전 배우자와의 이혼 과정에서 배양되고 이혼 후 자신이 보관하고 있는 감각이 투사되어 날카로운 손톱을 세우게 된다.

홀몸 중에는 신경정신과나 상담소에 대한 거부감 없이 용감하게 찾아가 자기 점검을 받는 경우가 있다. 밤새 머리를 쥐어뜯으며 생각을 해 봐도 자신이 왜 이혼자가 되어야 했는지 용납이 안 되고, 전 배우자와 이러저러한 관계를 청산하려고 해도 아직 심적으로 청산이 안 되고, 딱히 누가 명쾌하게 정리정돈해주는 사람도 없으니 찾아간다. 그런데 대부분 갔다 온 소감을 들어보면 더 답답하다고 말한다.

신경정신과 의사가 딱 부러지게 말을 해주어야 하는데 답도 안 해 주고, 가정상담소에 가면 바른말만 하여 짜증이 더 난다는 것이다. 그건 당사자 자신이 아직 마음속에서 뭔가 부글부글 끓고 있는 상태라서 전문가의 말이 귀에 들어오지 않기 때문이지 전문가가 객관적 시각으로 바라보고 조언하는 말이 틀려서가 아니다. 자기 식으로 이야기를 해주어야 하고 맞장구를 쳐 주어야 속이 시원하겠는데 그렇게 해주지 않으니 상담을 해봤자 시간만 아깝다는 생각이 드는 것이다.

그래서 같은 처지에 놓인 사람들끼리 모여 이야기를 하면서 집단 자가치료를 하기도 한다. 이혼자면 이혼자끼리 사별자면 사별자들끼리

한 방에 모여 이야기로 밤을 새운다. 생면부지라도 같은 아픔, 같은 상처를 갖고 있고 누구 하나 붙잡고 자기 심정을 토로할 사람이 없던 터라 이런 자리가 마련되면 이야기하다가 새벽을 맞는다.

한 명이 자기 이야기를 하다가 눈물을 보이면 이야기를 듣던 다른 사람이 또 울고, 울다가 웃다가 그러다 보면 자신도 모르게 그 속에서 치유과정을 거치고 있는 것이다. 이런 집단 자가치료는 전문치료기관에서만 이루어지는 것이 아니다. 이른바 인터넷 동호회 사이트에서 만난 사람들이 모여 자유롭게 수다를 통해 자가 치유과정을 거친다.

그러나 전문가가 없는 상태에서 이런 자유분방한 치료 상담은 잘못된 정보와 학습을 받을 위험성을 내포하고 있다. 인터넷 모임을 통해 같은 처지에 있는 사람들끼리 모여 외로움을 견디고 힘든 시기를 넘긴다 해도 정면으로 자신을 마주하지 않는 자세는 근원적 치유가 될 수 없는 것이다. 재혼을 하기 이전에 먼저 자신의 진정한 모습을 찾아 떠나는 여행이 선행되어야 할 것이다.

자녀의 행복은 재혼가정의 거울

재혼시장에서 통용되는 은어들이 많은데, 그중 하나가 자녀를 폭탄으로 비유하는 것이다. 예를 들어 딸이 한 명이면 무사 통과되어 아무런 은어도 없고, 딸이 두 명이면 콧등 긁기, 아들이 한 명이면 수류탄, 아들 둘이면 폭탄, 아들이든 딸이든 자녀가 셋이면 원자폭탄이다. 설명을 하면 재혼 대상으로 상대방 자녀를 고려할 때 딸이 한 명 있으면 그 정도는 수용할 수 있다는 것이고, 딸이 두 명이면 이거 참…… 하면서 콧등을 손가락으로 긁으며 고민을 좀 해 본다는 것이며, 아들이 한 명이면 폭탄 중에 수류탄 정도이고, 아들이 두 명이면 대포알 정도의 폭탄이며, 아들딸 구별 없이 자녀가 셋이면 무시무시한 원자폭탄과 같다는 뜻이다.

정부가 적극적으로 출산을 권장하고 다자녀 가구에 대한 혜택도 있지만 재혼시장에서는 혜택은커녕 회피대상인 것이 숨길 수 없는 사실이다. 이런 현실을 모른 채 아들 둘을 낳고 사별한 여성 Y는 사별자 모꼬지에서 농담으로 폭탄이라는 말을 듣고 비분강개하며 그 자리에서 눈물을 펑펑 쏟아냈다.

"내가 왜 폭탄이야! 남들은 낳고 싶어도 못 낳는 아들을 둘씩이나 낳고 남 보란 듯이 살았는데, 왜 폭탄이야! 누가 키워달라고 했어? 보태 준 거 있어?"

더럽고 치사하고 아니꼽고 매스껍고 유치하고 징그러워서 재혼 안 하고 말겠다는 그녀는 자신에게 주어진 현실을 받아들이지 못하면 정말 재혼을 못한다. 자녀 문제에 대해 사전에 충분히 공부하고 유연한 사고를 갖고 있지 않으면 재혼을 했다 하더라도 자녀 문제 때문에 많은 갈등을 빚게 되고 결국 재이혼을 하게 되는 경우가 너무 많다.

재이혼 통계와 이유에 대해서 구체적으로 조사하는 기구나 자료가 없어 아쉽긴 하지만 알음알음 재이혼한 사람들 이야기를 들어보면 자녀 문제가 큰 비중을 차지하는 것이 사실이다. 이 말은 자녀가 없어야 재혼이 쉽고 재이혼을 안 한다는 말이 아니다. 자녀가 몇 명이 되고 성비가 어떻든 남녀가 재혼을 하기 위해 구체적 사안으로 들어가게 되면 부딪치는 것이 자녀 문제다. 자녀 문제에 대한 인식과 마주하는 방식, 그리고 재혼가정이라는 특질을 사전에 토론하고 이해하지 않으면 정말 힘들게 구성된 재혼가정이 흔들릴 수 있다.

반면에 자녀는 미약할 수밖에 없는 사랑을 묶어주는 고리 역할을 하기도 하고 다른 면이 마음에 들지 않더라도 자녀 때문에 재혼을 하고 생활의 윤활유가 되기도 한다. 내 자녀, 상대방 자녀를 대하는 방식과 태도에 따라 향방이 크게 달라지겠지만 남녀가 새롭게 만나 서로에 대해 확신이 서지 않는 상태에서 자녀들의 한마디가 결정적인 계기를 만들어버리기도 한다. 가령 교제를 하고 있는 사람이 여러 가지 부족한 점이 있어 결정을 미루고 있는데, 그 과정에서 자녀가 상대방을 잘 따르게 되면 마음이 결정 쪽으로 확 기울어버리는 것이다.

자녀의 느낌과 판단, 그리고 행동은 재혼부부가 얼마나 재혼생활에 지혜와 인내를 가지고 충실했으며 노력했는가를 가늠하는 정교한 저울과 같다. 그러니 재혼가정을 잘 유지하고 성공한 재혼을 하려면 재혼 후 자녀 문제에 대해서는 재혼가정을 연구하는 단체나 가정상담사를 반드시 찾아가 지속적 상담을 하는 것이 좋을 것이다(이미 재혼을 하였고 자녀 문제에 대해 방향성을 찾고 싶다면 가정상담을 전공한 김번영 저 《재혼코칭》이라는 책을 권한다).

홀몸들은 상대방을 재혼시장에 만나든 교회나 절에서 만나든 지인을 통해서 만나든 조건을 생각하지 않을 수 없는 일이다. 조건이라고 해봐야 직업, 경제력, 그리고 자녀다. 그런데 입 딱 다물고 안 물어보며 각자 혼자서 생각하는 조건이 있다. 그것이 바로 상대방 자녀 문제다. 상대방이 자녀를 양육하고 있으면 있는 대로, 전 배우자가 양육하고 있다면 그것대로 이리저리 재보는 것이다.

어떤 남자는 자신이 자녀를 양육하고 있지 않기 때문에 여자가 좀 더 편안하게 자신에게 다가올 것이라고 여기지만 그것 또한 여자의 속을 자기 맘대로 판단하는 것이다. 여자는 남자가 자녀를 양육하고 있지 않다고 해서 영원히 그럴 것이라고 생각하지 않는다. 극단적으로 남자의 전 배우자가 자녀를 양육하고 있더라도 혹시 전 배우자가 사망할 경우 어쩔 수 없이 자기 핏줄을 데려올 수밖에 없지 않겠는가. 그럴 때 어떻게 할 것인가 하는 생각까지 하기도 한다. 또 남자가 무책임하게 여자에게 아이들을 다 맡겨 놓고 자신은 다른 여자를 찾는다고 비난하기도 하며, 그 때문에 오히려 자녀를 양육하고 있는 남자를 선호하기도 한다.

또 여자가 자녀를 양육하고 있지 않다고 해서 남자가 좋아할 것이라고 여기면 이것 또한 오산이다. 재혼시장에서 집단으로 모꼬지를 갖는 경우가 있는데 그런 자리에서 각자 자신의 간략한 신상을 밝히고 어떤 사람을 원하는가 하는 이야기가 자연스럽게 나온다. 그때 한 남자가 생각 없이 이런 말을 내뱉고 말았다. 필자가 또렷하게 기억하는 그대로 기재해 본다.

"나는 말이오, 여자가 아이를 키우지 않으면 말이오, 그 여자 뭔가 문제가 있는 여자라고 생각돼서 싫소."

자녀는 의당 엄마가 먹이고 입히며 키워야 한다는 고정관념이 있는 것이다. 그리고 자녀를 키우지 않는 여자는 모성애나 결혼생활에 문제가 있어 전 배우자가 키우고 있다는 뜻이다. 남자가 아이들을 키우기 힘든데 여자가 얼마나 형편없었으면 그러겠냐는 뜻으로 여자를 판단하는 것이다.

이런 판단을 인식론에서는 고착관념에 의한 자의적 해석이라고 말한다. 쉽게 표현하면 순전히 자기식 판단이다. 자기의 주관적 판단이 보편적 판단이라 여기는 착각에 불과하다. 그리고 고착된 관념이 보편적 판단이라고 하는 근거도 전혀 없다.

자리를 옮겼을 때 그 자리에 있던 여성 J씨는 설움에 겨워 끝내 눈물을 흘리고 말았다. J씨는 자녀를 아이 아빠에게 두고 나왔는데, 아이들 아빠 직업이 교수이고 자기는 이혼 당시 아무런 직업도 없는 상태였다고 한다. 양육비를 받고 아이들을 여자가 양육한다고 해도 이미 어느 정도 성장한 아이들이라 엄마 손이 꼭 필요한 것도 아니었고 안정된 교육이 필요했던 시기라 그 여성은 애끓는 마음을 짓누르고 아이들을 전 배우자에게 맡기고 나온 것이라고 말하며 얼굴을 감싸고 흐느끼는데, 손가락 사이에서 핏물이 흘러나오는 것 같았다.

반대로 여자가 아이들을 양육하는 경우는 대개 자녀들이 엄마 손이 필요한 시기에 해당되는 자녀들이다. 그 때문에 남자가 이혼 후 홀로 지내야 하는데, 그래서 자유로울 것 같지만 천륜은 어쩔 수 없는 것이라 힘든 시간을 보낸다. 아이들을 보고 싶은데 전처가 재혼을 하면서 친부를 보는 것이 아이들 정서에 이롭지 않다 하여 보여주지 않는 경우도 있고, 악감정이 고스란히 남아 있어 의도적으로 보여주지 않는 경우도 있다. 이럴 때 남자는 미친다. 보고 싶은 마음을 애써 참으며 지갑에 넣어둔 아이들 사진을 만지작거리며 술잔을 기울인다.

이혼을 한 경우에 자신이 아이들을 양육하고 있더라도 전 배우자에 대한 미운 감정을 무심코 자녀들에게 전이시키는 것은 굉장히 위험한 것이다. 또한 자식과 자신을 분리시키지 못하고 감정의 동일화 대상으로 여기는 것도 옳지 않은 것이다. 자신의 감정을 대리할 아바타를 만들겠다는 것과 다름없기 때문이다.

필자가 수없이 느끼는 것이지만 자녀 양육 여부를 두고 홀몸들을 평가하는 것은 극히 자제해야 한다. 각기 다 항거할 수 없는 현실의 옷자락에 휘감겨 있을 뿐이다. 각자 다 사정이 있고 형편대로 자녀 양육이 이루어지는 것이다. 이혼 그 자체도 깊은 상처인데 거기에 자녀 양육 부분을 가지고 가볍게 평가를 하려고 하면 절대 안 되는 일이다. 언어학자 비트겐슈타인의 말처럼 모르는 지점에서는 침묵해야 하는 것이다.

아무리 이혼을 쿨하게 했다 해도 자녀가 있다면 복잡하고 또 복잡하게 재혼의 변수로 작용한다. 그렇다고 자녀 문제 때문에 재혼하기 힘들다고 포기하면 그건 바보다. 자녀가 없는 사람을 찾는 것은 눈까지 어두운 바보다. 재혼은 당사자들끼리 하는 것이고 결국 늙어서는 재혼한 남녀만 남아 의지하고 살아가는 것이다. 황혼재혼이 아닌 이상 상대에게서 아이 문제를 배제하려 하면 안 되고 옵션으로도 생각해서는 안 될 것이다.

재혼은 상대뿐만 아니라 상대의 자녀까지도 품어야 가능한 것이다. 상대가 현재 자녀를 양육하든 말든 말이다. 상대 자녀를 품어야 한다고 해서 친부 친모처럼 품어야 한다는 뜻은 아니다. 결코 자신과 상대와 함께 낳은 자식이 아닌 이상 그럴 수 없다. 이 미묘한 새 가정 두 가족 조화 문제는 3부에서 언급하기로 하겠으나, 개념을 달리하면 쉽게 풀리는 문제다. 초혼가정이 제1형태의 가정이라면 재혼가정은 제2형태의 가족(second family)이다. 이 개념이 확립되면 의외로 쉽게 풀어갈 수 있다. 재혼가정은 혈연으로 맺어진 관계가 아니라 경제적·성적·심리적·정서적 필요에 의해 맺어진 사회적 관계다. 사회적 관계를 혈연관계로 끌어들여 맞추어 보려고 하니 여러 가지 복잡한 갈등이 야기되는 것이다.

어떤 이들은 재혼을 하면 부부 사이에 유대관계가 초혼처럼 단단하지 않을 것이니 자녀를 낳겠다고 한다. 실제 재혼부부 중 많은 이들이 자녀를 생산한다. 여건만 되면 재혼 후 자녀를 생산하는 것도 문제 될 것이 없겠지만, 이미 양쪽에 자녀들이 있다면 양육비가 만만치 않을 것이다.

그러므로 재혼부부의 끈을 보다 공고히 연결하겠다는 의도로 자녀 생산을 생각하기보다는 제3부에서 소개하는 제2형태의 가족(second family) 개념을 한 번 더 생각해 보라고 권하고 싶다. 어차피 재혼은 초혼과 달라 인식의 문제가 많은 영향을 미친다. 이제는 한국 재혼가정도 전통재혼의식과 방식에서 벗어나 제2의 가족 의식과 형태를 맞이해야 콩쥐팥쥐 동화도 사라지고 계모니 의붓아버지니 하는 명칭도 사라질 것으로 믿는다. 그렇지 않고 기존의 초혼가족 개념에 재혼가족을 가두고 그 안에서 해결책을 찾으려 한다면 온갖 난관에 부딪치게 될 수밖에 없다.

재혼에서 학벌은 중요하지 않다

1부에 은영이가 결혼정보회사를 찾아가 프로필을 작성할 때 볼펜에 힘을 줘서 쓴 부분이 나이와 ○○여대 졸업이다. 시골 할머니도 ○○여 대하면 아는 학교다. 초혼에서는 이 정도 프로필로도 얼마든지 자신감을 가질 수 있다. 하지만 현실은 엄연히 재혼공간이다.

재혼시장에 막 들어선 사람들이 거의 그렇지만 은영이 역시 자기 버블bubble에 갇혀 시간을 허비하게 될 것이다. 나이가 젊을수록 학력이 높을수록 보는 눈이 저 높이 달려 있기 때문에 재혼시장에 적응하지 못한다. 실망에 실망을 거듭하면서 그 실망이 결국 이혼 사실을 되새김질하게 하고 자신을 괴롭힌다. '아…… 왜 내가 이혼을 해서 이런 곳에 와 이런 수모를 당해야 하나' 이런 식이다. '왜 이혼을 해서'라는 한탄은 자신을 이렇게 피해자로 만든 전 배우자에 대한 혐의를 강화시켜 자기정리를 하는 데 시간을 많이 허비하게 한다.

학력이 높은 사람은 자아의식이 강한 경향이 높은데 생각하는 바가 많으니 그만큼 비판적이라 사람이 다가가기 힘들다. 통상적으로 학력이 높을수록 의식이 높고 강한 특색을 나타낸다. 그렇다고 해서 그것이 재혼에 대한 인식에 깊이가 있다는 말과는 전혀 별개로 작동한다. 또 이 말은 단지 '눈이 높다'라고 하는 것과도 또 다른 차원이다. 학력이 높을수록 보고 듣고 느낀 바가 많을 것이다. 그러나 재혼시장 여건이 그 의식을 충족시켜 주지 못하기 때문에 그 차이에서 오는 갭을 은영이가 스스로 인정할 때까지 짝을 맞추기가 힘들 것이다.

은영이처럼 명문여대 출신이고 자아의식이 강하며 이혼사유가 경제 파탄 같은 것이 아니라 성격차이였다면 새 배우자를 찾는 것은 그만큼 요원해진다. 더구나 은영이는 젊은 나이가 아닌가. 그 젊은 나이에 맞고 자아의식과 물적 조건을 충족시켜 주고 성격에 성까지 조화를 이룰 수 있는 남자는 재혼시장 구조상 희귀하다. 결국 은영이가 현실을 정확히 읽어내고 자신의 의식을 완화시키지 않는 이상 마흔 중반을 넘길 것이다. 물론 그 과정 속에 연애 사건이 한두 번 있을 수 있겠으나 그건 시행착오의 계기가 될 것이고, 그 계기는 '사람이 없다'라는 허무주의의 경험이 될 것이다.

그렇다고 사람이 없는 것은 아니다. 노블레스 그룹이라고 있긴 있다. 소위 한국사회에서 선망의 직업을 갖고 있고 경제적으로 상위계층이며 학력 역시 재혼시장 통상의 평균치보다 훨씬 높은 사람들을 모인 곳이 있다. 그곳에 편입하면 되는 것인데 은영이는 안타깝게도 들어갈 수 없다. 물론 막대한 비용을 지불하고 가입을 할 수는 있을 것이겠지만 겉돌게 될 것이다. 왜냐하면 초혼 전의 의식만 갖고 있고 사회적 존재 자체는 그 의식과 동떨어진, 그러니까 어린 아들 한 명 딸린 학습지 교사이기 때문이다. 더구나 은영이는 빼어난 미인도 아니다. 명문여대 출신이라는 간판 하나만 달랑 가지고 노블레스 그룹에서 남자를 만난다는 것은 힘든 일일 것이다. 더구나 남자들이 재혼 대상 여성의 학벌을 중요하게 생각하지 않는다는 현실이 은영이의 허무를 더욱 짙어가게 만들 것이다.

재혼시장의 형태와 장소에 따라 약간의 차이는 있을지 몰라도 프로필에 올라 있는 여성과 남성의 상호 학력에 대한 선호도를 보면 대체적으로 여성은 자신의 학력보다 남성의 학력이 높아야 되는 것으로 나타나고 남성은 여성의 학력에 대해 크게 신경 쓰지 않는다. 남성이 학력이 높으면 갈등이 있어도 아웅다웅 다투지 않고 잘 이끌어 줄 것이라는 기대도 있을 것이고 보편적으로 여성보다 남성이 배움에 있어 위에 있어야 한다는 인식 면에서 볼 때 그다지 특이한 점은 없다.

반면 남성은 여성의 학력보다는 성정이나 외모, 나이, 자녀 등을 더 고려한다. 결혼생활에 있어 학력이 큰 영향을 주는 게 아니라는 것을 이미 초혼을 통해서 깨달았기 때문일 것이다.

"여자가 살림 잘하고 남편 잘 챙기고 동사무소 가서 인감 떼올 줄 알면 됐지. 집에서 영어를 쓸 것도 아니잖아?"

남성 우위론을 고수하는 말이다. 배운 여자와 살아봤더니 매사에 불평불만만 하고 사는 데 전혀 도움이 안 되더라는 말이다. 비평이 됐든 비난이 됐든 힐난이 됐든 여자의 입바른 소리를 못 견디어 하는 이런 유형의 남성들은 한 술 더 뜨면 이런 말이 나온다.

"대학 나온 여자 필요 없어. 차라리 고등학교만 나온 여자가 생활력도 강하고 살림도 잘하고 감사할 줄도 알아."

여성을 실용주의 관점에서 찾고 있는 것이다. 이런 말을 여성이 들으면 이런 소리를 할 것 같다.

"그래, 차라리 식모를 구해라!"

이렇게 관조성을 갖게 되는 남성들이 점차 해탈의 경지에 다가가게 되면 이런 말을 하게 된다.

"사람 나이 마흔이 넘으면 학력은 평준화되지……."

맞는 말이다. 일을 떠나 남녀가 집안에서 생활을 하는 데 있어서는 학교에서 배운 지식을 적용할 만한 기회가 많지 않다. 생활은 지식보다는 지혜가 더 필요한 것이고 지혜는 학교가 아닌 삶에서 깨우치고 스스로 얻어야 할 부분이니 말이다. 물론 지식이 지혜를 얻는 데 밑거름이 되는 것은 부정할 수 없는 것이지만 지식이 없어도 얼마든지 삶의 지혜가 융숭해질 수 있지 않은가.

이처럼 여성은 재혼 희망자로 전 배우자와 최소 같거나 높은 학력을 원하는 것으로 나타나고 남성은 전 배우자의 학력 기준에 맞추지 않는 것으로 나타난다. 필자가 개인적으로 취재를 하면서 여성의 희망 학력에 대해 구체적으로 물어보면 대졸 남성들은 이런 형태로 말을 한다.

"학벌보다 성격이 더 중요해요. 사람만 좋다면 고졸도 상관없어요."

결국 남성이 재혼여성의 학력을 고려하지 않는다는 것은 식모를 구한다는 비아냥거림에 해당하는 것이 아니라 고학력 여성이 갖고 있는 강한 자의식 때문에 여성성을 방기하는 것을 염려하는 까닭이라고 봐야 할 것이다. 이 부분을 간파하지 못하고 재혼전선에 대책 없이 나선 명문여대 출신 은영이의 학벌이 과연 효과를 발휘할지 아니면 역효과를 낼지는 의문이다.

가장 중요한 재혼 코드, 경제력

재혼에 있어 가장 중요한 부분 중에 하나가 경제다. 아직 경제활동을 할 연령이라면 경제력, 젊은 나이의 초혼이라면 장래 얼마나 돈을 벌 수 있을지 가늠하는 잠재력이라고 표현하겠으나 경제활동 능력이 상실되어 가는 황혼에 다가갈수록 그냥 '돈'이라고 말한다.

그런데 은영이는 경제활동 연령은 되나 돈을 벌 능력이 크지 않고 그렇다고 이윤을 창출할 자본도 축적되어 있지 않다. 젊은 날 남편과 성격이 맞지 않아 이혼을 했으나 사회에 나와 갑자기 직장을 구하기란 어렵다. 재산분할을 한들 젊은 부부가 얼마나 재산을 모아 놓았겠는가. 방 세 칸 전셋집 보증금 빼서 둘이 나눠 갖고 헤어졌으니 그 돈으로 생산 활동을 안 하고 있으면 얼마 못 가 다 없어지고 마는 것이다. 이래저래 홀몸이 홀로서기를 하려면 힘들고 힘든 일이다.

커플매니저 최여사가 은영이를 노블레스 그룹에 가입하라고 권유하지 않은 까닭도 눈부신 미모를 갖고 있지 않기 때문만은 아니었다. 그렇게 한 까닭은 일단은 은영이가 수백만 원이나 하는 노블레스 그룹 가입 비용을 몹시 부담스러워 할 것이라는 판단이고 직업이 학습지 교사이기 때문이다.

이게 문제인 것이다. 재혼 현실을 들여다보면 한국사회 여성의 현실과 의식, 그리고 한계를 그대로 압축해 볼 수 있다. 고등교육 여성들을 양산해 놓고 그 여성인력을 생산 활동에 수용하지 못하고 무용지물 상태로 방치하니 말이다. 결혼이라는 제도 속에 편입되어 있다가 이혼이라는 계기로 사회에 튕겨져 나와도 갈 곳이 많지 않다.

최여사가 은영이의 직업을 학습지 교사에서 학원 강사로 고쳐 쓰게 만들었으나 은영이가 학원 강사를 할 줄 몰라서 안 하는 것이 아니다. 은영이에게는 어린 아들이 있다. 오후부터 밤늦게까지 학원에 매달려 있으면 어린 아들을 돌보기가 어렵다. 그 때문에 시간이 비교적 자유롭고 노력 여하에 따라 보수도 받을 수 있는 학습지 교사를 택했다. 이혼 후 자녀까지 양육해야 하는 여성의 어려움이 그대로 반영되는 형태인 것이다.

이렇게 홀로서기를 시작한 홀몸 여자들이 눈을 돌리는 것이 자격증인데 가장 많이 취득하는 것이 공인 부동산 중개사이다. 이렇게 학습지 교사 등에서 자격증으로 물적 조건을 차츰 구축해 가면서 홀로서기를 하고 사회를 바라보는 눈도 떠가게 된다. 경제적 기반을 어느 정도 다진 여성이라면 사업에 진출하여 돈을 벌기도 한다. 남편 없는 여성의 경제적 단단함은 훨씬 견고하여 차츰 경제력이 상실되어 가는 홀몸 남성과는 반대 현상을 일으킨다. 그러다가 경제적 안정이 이루어지다 보면 이런 소리가 여성의 입에서 나온다.

"내가 지금 살 만한데 이 나이에 굳이 남자한테 밥해 주면서 살 일 있나?"

남자는 직장에서 잘못하다가는 쫓겨날 지경이고 여자 없이 살다 보니 알뜰살뜰 살지도 못하는 판국에 여자는 아파트 평수를 넓혀가고 있다. 이제 남자와 여자는 역전이 되고 남자가 재취업 포스터 밑에서 서성거리고 있을 때다.

아무튼 초년이혼자일수록 재혼시장에 등장할 때 '속물'이라는 딱지가 붙는 것이 싫어 '사랑이여 다시 한 번'을 외친다. 그런데 사랑할 남자가 돈도 있기를 바라는 것이지 사랑과 돈이 배척관계는 아니다. 문제는 사랑과 돈 둘 중의 하나만 있기 때문이다. 이런 현상을 여성들은 이렇게 집약적으로 표현한다.

"정말 아까워. 남자는 참 괜찮아. 성실하고 심성도 착하고 여자 위할 줄 알고 다 좋은데 가진 게 없어."

이 말을 들은 다른 여성이 그와 정반대인 남자에 대해 험담을 한다.

"아이고 내가 만난 그 남자는 돈 좀 있다고 여자 알기를 얼마나 우습게 아는지, 지가 돈 있으면 단가? 그리고 그런 남자는 그 돈 절대로 여자 안 줘. 그래서 내가 포기하고 말았다니까."

초혼에 있어 남자의 돈은 결정적 요소가 되지 않는다. 미래가 있기 때문이다. 그러나 재혼에 있어 남자의 돈은 여자가 결정을 하는 데 정말 결정적이다. 정년까지의 기간이 짧을수록 경제적 결정력은 그 모든 것에 우선한다. 사랑의 감정도 경제력에 의해 생성되고 소멸한다. 이렇게 단정적으로 말하면 반론도 있겠으나 반론을 증명할 만한 사람은 재혼시장에 극소수일 것이다.

이렇게 말하는 까닭은 초혼이 아니고 재혼이기 때문이다. 재혼이 초혼과 다르지 않다고 어느 결혼정보회사 광고 문구를 본 듯한데 그건 광고에 불과할 뿐이다. 초혼은 초혼사랑이 있는 것이고 재혼은 재혼사랑이 따로 있는 것이다.

우리 속담에 '가난이 담 넘어오면 사랑은 대문 열고 나간다'고 했다. 젊었을 때 만나 뜨겁게 사랑하여 결혼하여 자식 낳고 산 부부도 경제적 어려움을 이겨내지 못하고 이혼을 하는 경우가 얼마나 많은가. 경제파탄으로 이혼을 한 경우일수록 재혼을 할 때 고려 사항 중 경제 상태를 최우선으로 둔다. 속물이라고 욕할 것도 없고 탓할 것도 없다. 배고파 보지 않은 사람이 어떻게 배고픈 사람의 그 절박한 심정을 알 것인가.

그렇다면 왜 이혼남들은 돈이 없을까? 이혼사유 중 경제파탄이 직접적 원인이었다면 당연히 돈이 없을 것이고, 성격차이로 이혼을 했다고 해도 그것은 늘 깔려 있는 모순이었지 이혼을 점화시킨 중요 요인은 아닐 것이다. 성격차이가 마그마처럼 땅 밑에서 꿈틀거리고 있어도 경제라는 지각이 두텁게 누르고 있으면 이혼이라는 폭발이 억눌러진다. 경제가 약해지니 그 약한 고리를 뚫고 성격차이라는 성분의 마그마가 터져 이혼을 폭발시키는 것이다. 폭발된 지점이 경제라는 부분이지 내용물이 단순히 경제만은 아니다.

중소기업을 운영했던 이혼남 T씨의 신세타령은 약한 고리를 잘 설명하고 있다.

"참나…… 내가 어이가 없어서 말야. 이 여자가 몇 년 지난 일을 가지고 달려드는데 미치겠더라고. 이혼을 하자고 하는데 내가 그랬지. 지금은 사업도 부도 맞아 돈이 없으니 이혼해 봤자 위자료 줄 것도 없다. 그러니 좀 참아라. 그랬더니 성격도 안 맞아 더 이상 같이 못 살겠다고 갈라서자는 거야. 내가 돈 잘 벌 때는 참고 넘어가더니 쫄딱 망하니 외도 한번 한 거 가지고 물귀신처럼 늘어졌어."

신발 하청공장을 운영하던 T씨는 사업상 자주 거래처와 술자리를 가졌고 그 과정에서 외도가 있었던 것 같다. 이 이혼남은 사업도 망하고 이혼도 당해 쓰라린 가슴을 안고 이혼하자마자 재혼시장에 들어와 자신의 심정을 이해해줄 여자를 만나기만 하면 목숨 바쳐 사랑을 할 각오를 다졌다.

하지만 심정과 달리 현실은 냉엄하고 재혼시장은 더욱 냉정한 것이라 쉽게 인연을 만날 것 같지는 않았다. T씨는 외로움과 배신감에 못 견디어 소주잔을 입에 붓게 될 터인데 그럴수록 더욱더 황폐해지고 새 여자를 만난다는 것은 요원한 일이 되어 갈 것이다. 요행히 여자를 만난다 해도 단단한 결속력을 가질 수 없고 만남도 몇 개월 지속되지 않을 것이다. 지난날은 빨리 털어버리고 자기정리를 한 다음 자신의 포도원을 가꾸는 것이 급선무이지 당장의 외로움과 욕망을 일시적으로 충족시키기 위해 여자를 만나려 해봤자 부질없는 짓이다. 현실의 고통을 일시적으로 잊기 위한 마취주사를 맞는 것과 마찬가지일 테니까 말이다.

　재혼시장에 흘러들어 오는 홀몸남들은 직장생활을 하더라도 대체적으로 힘들다. 살던 아파트 이혼할 때 팔아서 전처와 쪼개 전셋집으로 이사 왔지, 양육비 보내야지, 외로우니 술 먹어야지, 여자 만나서 데이트라도 한 번 하려면 최소 십만 원은 써야지, 좀처럼 돈을 모으기가 어렵다. 계속 경제활동을 했으니 여자보다 돈은 더 쉽게 벌지 몰라도 돈은 가정에 여자가 있어야 모아지는 것이다. 푼돈 모아 쌈짓돈 만들고 쌈짓돈을 목돈 만드는 것은 여자가 더 잘하지 않겠는가.

　이래저래 이혼한 남자들은 돈이 없고 이혼한 여자들은 돈 있는 남자를 찾는다. 이 구조적 모순을 어떻게 하란 말인가. 고액의 연봉을 버는 노블레스 그룹의 전문직 남성들만 재혼을 할 수 있단 말인가. 꼭 그렇지만은 않다. 소수에 불과한 노블레스 그룹은 그들만의 리그가 있는 것이고 일반 그룹은 또 일반 리그가 있는 것이니 재혼을 허황된 신분상승이나 보상심리를 바라는 헛된 욕망만 없다면 자기 노력여하에 따라서 얼마든지 재혼해 잘 살 수 있다.

　여자가 남자에게 사랑이라는 감정이 생성되는 것을 남자에게 돈이 있기 때문이라고 생각해 버리면 재혼은 거래가 되고 만다. 남자의 돈과 여자의 나이와 미모가 거래되면 재혼은 재테크 이상의 의미를 갖지 못한다.

　물론 진화심리학에 따르면 여자들은 남자가 부자면 그 남자가 정말로 멋있게 보인다고 한다. 유전자가 여성으로 하여금 부자에게 최면이 걸리도록 프로그램 해두었다는 말이다. 반대로 남자는 여자의 미모와 젊음을 보고 최면에 걸린다. 하지만 초혼이라면 몰라도 적어도 재혼은 이런 유전자에 완전히 조종되지는 않는다. 초혼으로 경험해 본 내성이 있기 때문이고 적어도 자신의 현재와 남은 미래를 고려할 줄 알기 때문이다.

어떤 사람은 이렇게 말한다.

"결혼에는 두 가지 목적밖에 없다. 사랑 아니면 돈이다. 사랑을 위해 결혼한 사람은 극히 짧은 나날을 행복하게 보낸다는 것이 확실하지만 그다음부터는 오랜 세월 안절부절못하는 나날을 보내게 될 것이다. 돈을 보고 결혼하는 사람은 행복한 나날을 바랄 수 없지만 한편 불행한 나날도 없을 것이다."

이 말이 맞는 말일까? 이렇게 이분법적으로 사고하는 것 자체가 논리적으로 맞는가 말이다. 돈과 사랑을 분리시켜 결혼을 할 수 있는 사람이라면 그 사람은 자기 정신을 인위적으로 분리 또는 분열시킬 수 있는 사람이니 보통 사람이 아니다. 아마 보통 사람은 사랑하는 사람이 돈이 있길 바라고, 돈이 있는 사람을 사랑하게 됐으면 좋겠다고 생각할 것이다.

돈은 여자만 좋아하는 것이 아니다. 남자도 돈 많은 여자를 좋아한다. 평생 독신으로 지낸 철학자 칸트도 제자들에게 이렇게 말했다고 한다.

"너희들 중 결혼 안 한 남자는 여러 말 할 것 없이 돈 많은 여자와 결혼하는 게 낫다."

166

칸트가 가난한 부모와 열한 명의 형제들 사이에서 복닥거리며 살고 생활비를 벌기 위해 도서관 사서와 귀족 자녀 과외 일을 하는 등 돈에 시달려서 그런 말을 했는지 모르겠다. 우스갯소리로 돈이 없어 결혼을 못했다면 나중에는 그렇게 원하던 교수직을 얻었으니 경제적 안정도 이루었을 것인데 왜 늦장가를 안 갔는지 모르겠다.

여하튼 재혼의 경우 남자가 돈 없으면 여자 만나기 힘들다. 더구나 알음알음 만난 사이가 아닌 재혼시장이라는 곳에서는 남자의 돈은 여자가 만나줄지 말지를 결정할 가장 기본적 판단자료다. 이런 곳에서 사랑과 사람 됨됨이로 인연을 맺고 사랑이 싹트기 바라는 낭만주의자는 쓰라린 패배의식만 커져갈 것이다. 재혼시장은 공개되고 명시화된 프로필을 가지고 만남이 이루어지는 곳이다. 선입견이 존재하고 자기 기준이 이미 서 있는 사람들이 모여 드는 곳이며 비교검토 대상이 무수히 진열되어 있는 곳이다.

사람이 살아가는 데 건강, 정신, 가치 등 여러 가지 중요한 것이 많지만 가장 밑바닥이 제일 먼저 충족되어야만 상위 단계의 삶을 충족할 수 있는 것이기 때문에 경제 문제는 여러 물적 조건에 있어 우선순위다. 특히 재혼이 유형 · 무형 · 물적 · 영적으로 나뉜다면 유형 · 물적 부분에 있어 경제부분은 만남에 있어 근본 판단자료다. 남녀가 일단 만나야 그다음에 서로 이해하고 감정이 생기고 부족한 부분을 어떻게 해결할 것인가 고민을 할 것이 아니겠는가. 이러든 저러든 포도원을 먼저 가꾸는 것이 먼저다.

그러면 이런 의문이 생겨난다. 도대체 여자는 남자에게 돈이 얼마나 있어야 교제를 하고 사랑을 느껴 재혼할 수 있단 말인가? 재벌 아닌 남자는 재혼을 못한다는 말인가?

일부 남성들은 여성들이 돈만 보고 재혼하려고 한다고 볼멘소리를 하는데 그렇다고 해서 여성들이 강남에 빌딩을 소유한 남성을 원할 정도로 허황된 꿈을 꾸지는 않는다. 간단하게 말하면 '밥 먹고 사는 데 지장 없을 정도', 이것을 바라는 것이지 재혼해서 부귀영화를 누리겠다는 것이 아니다. 물론 재혼을 기회로 삼으려는 여성이 있긴 하다. 그러나 그 정도가 신데렐라 변신을 꿈꾸는 것이 아니라 전세 아파트 살던 초혼 시절에 비해 재혼해서는 자가 아파트 가진 남자를 원하는 정도이니 이를 가지고 신분상승이라고 할 수는 없지 않은가. 그리고 재혼시장에 나온 남성 중 물질적으로 신분상승을 시켜 줄 남자가 없음을 여성들은 한 바퀴만 둘러보면 금방 알아차린다.

심리학자 매슬로우의 욕구 5단계론(Maslow's hierarchy of needs, 인간의 욕구가 그 중요도에 따라 일련의 단계를 형성하는데 의식주 등 생리적 욕구가 충족되었을 때에만 다음 단계의 욕구인 안전, 애정, 존경, 자아실현 욕구로 이전한다는 이론)은 재혼에 이르게 하는 감정생성과 결정에 그대로 응용해 볼 수 있다.

일반 그룹이 형성되어 있는 인터넷 재혼사이트 몇 군데에서 남녀가 재혼 희망자를 원할 때 우선 고려하는 부분을 참조하여 매슬로우 욕구 단계론을 변형해 보았다(170~171쪽). 남자와 여자의 고려 부분 단계 순위가 뒤바뀐 부분이 있다. 이것은 남자 여자의 차이 때문일 것이며 초

매슬로우의 욕구 단계 다이어그램.
아래로 갈수록 원초적인 욕구를 나타낸다.

혼 실패에 따른 선험적 인식의 변화와 생물학적 차이에 의하기도 할 것이다. 사람에 따라서는 고려 단계를 파격적으로 뒤바꾸는 경우도 있을 수 있겠으나 보편적으로 형성되는 만남과 감정 생성 단계는 크게 잘못되지 않았을 것이다.

전라도에서는 직접 말하기 다소 불편하면 '거시기' 라고 뭉뚱그려 칭한다.

"참말로 물어보기 거시기 한데요…… 막상 물어보려니 거시기 해서……."

서로 호감이 있어 두어 번 만난 사이다. 커피숍에서 아이스커피를 홀짝이며 여자가 이렇게 뜸 들여 남자에게 물어보고자 하는 것은 '나 괜찮아요?' 이런 것이 아니다.

"뭐 궁금하신 거 있으면 물어보세요. 아무거나 괜찮습니다."

남자가 어깨에 힘주고 호기 있게 말해도 여자는 좀처럼 편하게 물어보지 못한다.

"저어기 거시기 사시는 데는……."

"아! 아파트 말씀입니까? 딸하고 둘이서 사는데 뭐 클 필요 있습니까. 서른다섯 평으로 좀 작습니다."

지금 여자가 아파트에 사느냐 빌라에 사느냐 몇 평이냐 그걸 물어보는 것이 아니다.

"아니…… 그것이 아니고 거시기…… ."

여자가 두어 번 만나자마자 물어보고자 한 것은 남자의 아파트에 근저당 설정이 얼마나 되어 있고 부채는 얼마나 있는지 알고 싶은 것이다. 여자는 이미 결혼정보회사에서 매칭 횟수로 정한 다섯 번을 다 채웠고 추가 서비스로 남자를 만난 것이며 그 이전에 이미 몇 군데 결혼

여자가 남자의 프로필을 고려하는 단계

남자가 여자의 프로필을 고려하는 단계

정보회사를 거친 '역전의 용사'인 것이다. 그러하니 남자를 만났을 때 가장 중요한 것이 무엇인지 알고 있으며 정들기 전에 확인 절차를 거쳐 진로 설정을 분명히 해야 한다는 노하우를 체득하고 있는 것이다.

남녀가 함께 하는데 경제 문제를 중요시한다고 해서 차갑게 느껴질지 모르겠다. 하지만 경제 문제는 물적 조건에 있어 최우선 순위다. 재혼에 있어 경제만큼 중요한 것이 어디 있겠는가. 경제 문제에 있어서만큼은 투명해야 할 것이다. 가진 돈이 얼마가 되었든 간에 감추거나 속여서는 절대 안 될 것이다. 부모자식 간에도 돈 문제 때문에 다툼이 일어난다. 하물며 초혼도 아니고 재혼을 하기 위해 만나는데 돈 문제에 있어 조금이라도 숨기거나 위장하거나 부풀려서는 안 될 것이다. 여자가 돈을 좋아하니 우선 만나고 보자는 식으로 부풀려 위장해도 위장되는 것도 아니고 그 만남이 절대 오래가지도 않을 것이다.

앞서 묘사된 여성은 남자가 가리고 있는 경제 상태를 들쳐보려고만 했지 자신의 속내를 드러내지 않고 있다. 아직 본격적인 교제 시작 전이므로 정나미 떨어지게 말할 필요는 없겠지만 만약 교제가 성공적으로 이루어져 재혼 이야기가 나온다면 반드시 이야기해야 할 부분이다.

사람 사이에는 갈등이 없을 수 없다. 갈등은 항상 돈 문제를 끌고 오며 돈 또한 다른 문제를 먼저 내세우고 나타난다. 재혼에 있어 돈 문제는 남자만 생각할 것이 아니라 여자도 두 가지 면을 생각해 봐야 한다. 하나는 남자에게 돈이 있으면 여자는 무엇이 있어야 하는가이다. 다른 하나는 여자는 돈이 없어도 되는 것인가 하는 문제다. 초혼이라면 통념상 남자가 일해 돈 벌고 여자는 살림하고 힘들면 맞벌이하면 된다. 그러나 재혼은 함수관계가 복잡하다. 주어진 조건 값이 남녀에게 공히 있기 때문이다. 여자가 자신에게 주어진 조건 값은 고려하지 않고 남자의 경제능력만 측정한다는 것은 무언가 기대하는 바가 있어서 그러는 것이다. 그런데 재혼에 있어서 남자의 능력이 그만하다면 좋겠지만 재벌 아니고서는 여자에게 이미 형성되어 있는 조건 값을 다 껴안기는 힘든 일이다.

이혼한 남자가 이혼 전 상태보다 더 돈을 모았을 경우는 흔치 않고 그 상태에서 자녀 양육비를 보내든 직접 양육을 하던 자신의 현재 경제 수준에 맞추어 빠듯하게 살아가고 있을 것이다. 그 상태에서 갑자기 여자와 그 자녀까지 껴안게 되면 버틸 수 있는 남자는 많지 않다. 이런 까닭을 알기 때문에 여자 중 일부는 돈이 많은 남자를 찾아보는데 그게 사막에서 오아시스 찾기다.

　재혼은 사람 선택기준을 달라지게 만든다. 여자는 더욱더 세상살이에 치중할 것이지만 그걸 남자에게서 충족하려면 자신은 남자에게 무엇을 충족시켜 주어야 하는지 생각해 봐야 한다. 결혼이 거래이고 재혼은 재거래라고 한다면 받는 것이 있으면 줘야 할 것도 있으니 말이다. 자신은 별달리 줄 것도 없으면서 돈 많은 남자를 물색하는 여자를 보거나 여자에게 무엇도 줄 수 없고 능력도 없으면서 젊고 예쁜 여자만 탐하는 남자를 보면, 사람이니 그런 욕심을 탓할 수 없지만 좀 더 현실적이고 소박하게 생각해 보길 권한다.

성적 끌림이 중요하지만 최종병기는 아니야

남자들이 재혼시장에 나와 후회하는 것 중의 하나가 여성들이 전처보다 외모에서 떨어진다고 판단되는 부분이다. 여성이 사랑에 대한 감성이 초혼 전으로 회귀한다면 남성은 여성의 미모 기준이 회귀한다. 시각이 옛날 전처를 만날 때의 시점으로 돌아가는 것이다. 이런 남성 회귀 감각을 모른 채 다른 여성에 비해 상대적으로 외모가 낫다고 여겨 자신감에 빠져 있으면 곤란하다.

"남자는 경제력, 여자는 외모가 기본이 아닌가요?"

맞선을 보는 동안 이런저런 대화를 하다가 여자가 남자에게 당당하게 이런 말을 하는 경우가 왕왕 있다고 한다. 미모에 아주 자신 있는 여자다.

"쳇! 지가 뭐 양귀비인가? 내가 재혼해서 여자 모시고 살 일 있나?"

여자를 만나고 와서 구시렁거리는 남자의 반응이다. 아무리 여자의 외모가 중요하다 해도 재혼시장에선 그게 절대적이지 않다. 오히려 외모만 믿고 목에 힘을 주었다간 재혼은커녕 세월 다 보낼 위험성이 크다. 초혼이 아니기 때문이다. 예쁜 여자와 살아보지 않은 남자라면 모르겠지만 이미 초혼에서 예쁜 여자와 살아 봤던 남자라면 문제가 달라진다.

양귀비만큼 빼어난 미인이 아닌데 스스로 미인이라고 여겨 남자들이 무조건 구애를 할 것이라 여기는 것은 나르시시적 리비도이다. 여자가 당당하게 내뱉은 남자 여자 기본 부분은 진화심리학을 말하는 것 같다. 진화심리학에서는 부자 남자, 예쁜 여자를 이렇게 설명한다.

> 남자는 젊고 예쁜 여자를 좋아한다. 진화심리학에서는 '아름다움은 다산의 척도'로 여겨지기 때문에 예쁜 여자일수록 종족보존 능력이 뛰어나다는 것이다. 그래서 남성의 구혼을 많이 받게 된다고 한다.
>
> 여자 또한 보다 우수한 유전자를 갖고 있으면서 자신과 자식을 보호해줄 수 있는 강한 수컷을 원했다. 그러기 위해서는 수컷을 유혹할 미끼가 필요했다. 한 설명에 의하면 그것은 바로 아름다움이었다. 아름다움은 성적 매력을 높이고, 이러한 성적 매력은 종족보존에 유리하기 때문에 여성들은 이것을 진화시켜 왔다. 즉 이 설명에 의하면 여성의 아름다움은 여성 자신을 위해 진화한 것이지, 결코 남성들을 위해 만들어진 것은 아니다. (박지영, 《유쾌한 심리학》, 583쪽)

사람들은 생각한다. 잘생긴 사람은 좋은 성격도 갖고 있을 것이라고 말이다. 심지어는 잘생긴 만큼 건강할 것이라고도 생각한다. 이걸 심리학에서는 후광효과라고 한다. 물론 고정관념이긴 하지만 서글픈 것은 사람들이 많이들 그렇게 생각한다는 것이다.

외모에 자신 없는 젊은 여성은 나이로 자신감을 가질지도 모른다. 아직 젊으니 외모는 평범하더라도 나이 든 예쁜 여자보단 나을 것이라고 말이다. 하지만 그렇지 않다. 연구에 의하면 젊지만 평범한 여자보다는 나이는 들었지만 예쁜 여자를 더 선호한다는 결과가 있다. 예쁜 여자를 선택함으로써 자식이 더 예쁘게 태어나 삶을 잘 살 수 있을 것이라고 남자들이 생각한다는 것이 연구자들의 설명이다. 그리고 평범한 젊은 여성은 눈이 높다. 조건 좋고 경제력 좋은 남성을 데이트 상대로 만나 재혼을 하고 싶을 것이다. 그걸 탓할 수는 없다. 그러나 현실은 기대대로 되지 않으며 마음만 갖고 되는 것도 아니다. 그래도 외모가 평범한 젊은 여성은 이런 현상을 쉽게 받아들이지 못할 것이다. 그리고 억지로 받아들일 필요도 없다. 상대할 남성은 초혼남성이 아니고 재혼을 하려는 남성이기 때문이며 여성의 여러 가지 면을 신중히 고려하는 깊이가 있기 때문이다. 그러니 여성이 외모에 자신 있다고 남자가 무조건 꽃 들고 쫓아다닐 것이라고 과신하지 말아야 하며 평범하다고 해서 기죽을 것도 없다.

여성의 미모는 성적인 요소로 이끌어 가도록 하는 리비도의 힘은 있을지언정 재혼이라는 삶에 있어서 어느 정도 기여를 하는지는 알 수 없다. 성 접촉 단계를 거쳤으나 재혼에 이르지 못하고 헤어지는 경우가 비일비재하기 때문이다. 또 성적 측면에서 보면 여성이 남성의 외모를 더 눈여겨본다.

"아이고 은행 다닌다는 남자가 바지는 후줄그레하고 뭔 쉰 냄새는 그리 팍팍 나는지! 팔짱 끼자고 하는데 홀아비 냄새나서 죽을 뻔했어."

조건이 괜찮아 만나보기는 하나 남자의 외모에서 풍기는 성적 에너르기가 부족하면 여자에게 이런 소리를 듣게 된다. 혼자 사는 남자가 양복바지를 깨끗하게 다림질해서 입고 다니기는 어렵지만 그래도 차려입고 나온 건데 여자는 이런 홀몸남 사정을 봐주지 않는다.

"배는 왜 그렇게 나왔는지 벨트는 그냥 걸쳤더라고."

혼자 사는 남자치고 밥 제때 먹는 사람은 드물다. 밥이 있으면 먹고 없으면 굶다가 폭식을 하게 되며, 외로우니 저녁에 술 한잔하고 들어와 바로 자고, 그러다 배가 나오지만 여자는 이해해주지 않는다.

"저기요. 좀 천천히 올라가요."

남산 전망대를 데이트 장소로 선택한 남자는 계단을 거침없이 씩씩대며 먼저 올라가고 뾰족구두를 신은 여자는 헉헉거리며 뒤따라 올라가다 그만 서서 소리친다. 그래도 남자는 못 들은 척 계단 끝까지 올라간다. 그 사이 여자는 몰래 화장을 다듬고 계단 끝에 올라선 남자는 여자가 안 보이게 숨어 가쁜 숨을 몰아쉰다.

이 예는 사랑의 생물학적 성적신호를 과장한 것이다. 남자는 자기가 아직도 성적으로 충분히 자신 있음을 과시하기 위해 입에서 단내가 나도록 계단을 뛰어올라간 것이지 여자가 부르는 소리를 듣지 못한 것이 아니다. 여자는 그 사이 자신의 성적 매력을 다듬는다.

이렇게 남녀의 외모가 성정보다 먼저 가늠이 되어버리니 중요하긴 중요하다. 그래서 커플매니저들은 이렇게 당부한다.

"죽었다 하고 딱 세 번만 더 만나 봐요. 딱 세 번만, 응?"

순간적으로 판단하지 말고 세 번 정도 더 만나보라는 것이다. 그러다 보면 눈에 띄지 않았던 다른 장점이 드러나 마음에 안 들었던 부분이 메워진다는 것이다. 또 자꾸 만나다 보면 무뎌지는 부분과 새롭게 부각되는 부분이 있다는 뜻일 것이다. 맞는 말이다. 겉으로 보이는 것만 좇아 재혼이라는 삶 전체를 거는 것은 어리석은 짓이다. 외적 매력이 강하지 않더라도 다른 부분이 만족된다면 그 만족감이 전체적으로 확장되는 것이니 말이다.

초혼이 됐든 재혼이 됐든 남녀가 만나 사랑에 빠지게 되려면 외모가 큰 역할을 한다. 하지만 재혼에 있어서 외모만 탐닉하는 갈망은 점점 더 큰 욕망의 화로 속으로 자신을 밀어 넣어 외롭게 만들 것이다. 성적 외피에 의한 사랑은 삶 전체의 요구demand를 충족시키지 못하고 욕구 desire만 충족시키기 때문이다. 욕구는 추상적인 것에 반해 욕망은 구체적이다. 그래서 그 사이에 항상 차액이 남아 허전함, 불안함, 결핍감에 시달리게 될 것이고 끝없이 욕망의 회로 속을 헤매게 될 것이다.

예를 들면 이런 것이다. 예쁜 여자와 재혼하고 싶다는 바람은 추상적 욕구이다. 이 욕구를 충족시키기 위해서 젊고 예쁜 여자를 찾는 것은 구체적 욕망인데 이 욕망은 끝없이 증식을 하는 것이라 만족을 할 줄 모른다. 통상 사람들이 욕심은 한이 없다는 말과 같은 것이다.

반대로 돈 많은 남자와 재혼하고 싶다는 것은 추상적인 것에 비해 눈 앞에 있는 남자의 경제력은 구체적인 것이라 이 사이에서 차액이 남는다. 성적 외피든 경제력이든 이런 욕구와 욕망 사이에는 차액이 생겨 허전하고 결핍감과 불안을 일으키는 것이다.

이렇게 되지 않으려면 왜 자신이 재혼을 하려고 하는지에 대한 물음을 다시 던져야 하는 것이고, 그것이 초혼 실패에 따른 보상심리인지 아니면 신분상승 계기로 삼으려 하는 것인지를 냉엄히 따져 봐야 하는 것이다. 욕구가 바르지 않는 상태에서 일시적 욕망 때문에 재혼한 사람들 치고 오래가는 경우를 본 적이 없기 때문이다.

여하간 저녁상에 둘러앉아 실내복 차림으로 밥을 먹고 텔레비전을 봐야 하는 시간에 홀몸들은 세탁소에 맡긴 양복 찾아오고 바닥난 화장품 병을 손바닥에 두들겨 얼굴에 바른 다음 선 볼 장소로 나가 헛기침과 내숭을 떨며 처녀 총각 때 했던 과정을 다시 밟아야 하니 참으로 힘든 일이다. 힘든 것은 만남만이 아니다. 남녀가 패자부활전에서 서로 만났으니 이제 외로움은 타파되고 장밋빛 인생이 펼쳐질 것 같지만 실상은 더 많은 지불 대가를 요구한다.

이래저래 재혼은 무지막지하게 힘든 것이다. 그러니 행여 이 책을 읽는 사람 중에 이혼을 생각하는 사람이 있다면 간청한다. 정히 극복할 수 없는 것이라면 형벌을 감수하고 과감히 이혼하시라. 그러나 백 번을 노력해 보고, 그래도 안 되면 이혼을 하고 이렇게 험난한 재혼시장에 나오시라.

3부
재혼, 그리고 재이혼

재혼이 재이혼을 낳는다

재혼시장에 상용화되어 있는 문구 중에 이런 것이 있다.

'불행 끝, 행복 시작.'

재혼시장에서 사람들이 가장 소망하는 문구다. 또한 이렇게 직접적 표현은 하지 않더라도 심정적으로 재혼이 그동안의 불행을 종식시키고 행복을 가져다줄 것이라는 믿음 또는 최소한의 희망이 있다. 사실 이런 희망이 없다면 누가 재혼을 하려고 하겠는가.

그런데 재혼을 하면 그동안 받았던 모든 서러움과 어려움에서 벗어나 행복이 시작되는 것일까? 이런 의문이 드는 것은 필자가 몇 년간 재혼 결혼식에 참석한 커플 중 온전히 재혼생활을 유지하고 있는 사람들은 불과 몇 쌍밖에 되지 않기 때문이다. 이를 프로테지로 따지면 재혼 유지율이 채 20%를 넘지 않고 나머지 80% 정도는 재이혼을 하였다. 그것도 재혼 후 1~2년 안에 말이다.

이런 수치가 필자의 개인적 시야 안에서만 해당하는 결과라면 모르겠으나 북미나 국내를 막론하고 재혼성공률은 높지 않다. 북미의 경우 재혼커플 중 60%가 재혼 2년 안에 재이혼을 한다고 한다. 한국의 경우 재이혼 통계를 통계청에서 따로 조사하고 있지는 않지만 가정법원 관계자나 재혼전문회사 등에서는 70% 이상 재이혼을 한다고 추정한다.

재이혼이라는 단어가 생소할 수도 있겠다. 이혼 후 재혼하였는데 또다시 이혼한다는 말이다. 좀 더 실감 나게 표현하자면 이혼·사별 등으로 홀몸이 되어 외로움과 불안의 나날을 보내다가 새로운 사람을 만나 재혼을 했다. 불행 끝 행복 시작을 하였는데 또다시 이혼을 했다. 그게 재이혼이다.

더 암울한 것은 공식적으로 커플을 선언하고 당당히 혼인신고를 한 재혼부부 중 재이혼율이 이렇다는 말이다. 비공식적으로 그냥 동거 형식으로 살다가 다시 헤어지는 경우를 합하게 되면 문제는 더 심각해진다. 재혼을 희망하는 사람들에게는 낙담할 일이겠지만 실제 그런 것을 어쩌란 말인가.

이런 재혼에 대한 불편한 진실은 결혼정보회사에서 알려주지 않는다. 결혼정보회사에서는 어떻게 해서든 재혼만 성사시키면 되는 것이고, 재혼 당사자 또한 재이혼을 염두에 두고 재혼을 하진 않기 때문이다.

그토록 외로움에 몸부림치다가 재혼을 하였건만 재혼생활을 유지하지 못하고 재이혼을 하여 또다시 재혼시장의 미아로 전락해 떠돌아다니는 사례는 쉽게 볼 수 있다.

홀몸들은 같은 처지라는 신분의 동일성과 홀몸 생활의 고충을 이심전심 이해한다는 이유로 어울리게 되고 지인을 형성하게 되는데 그중

한 명이 재혼을 하게 되어 축하를 해주고 나서 얼마 지나지 않아 재이혼을 한 사실을 알고 나면 이런 평가를 내놓는다.

"한 번 이혼하는 것이 어렵지 두 번 세 번 이혼하는 것이 어렵겠어?"

심정적 차원에서 재혼에 임하는 자세가 초혼처럼 진중하지 못했다는 것이다. 또 조건적 차원에서 해석하는 사람들도 있다.

"둘 사이에 애가 있는 것도 아닌데 헤어지는 게 어렵나."

이렇게 남의 일이니 가볍게 평가하는 경우도 있고 타산지석으로 삼아 자신에게 대입하여 생각하는 사람은 이렇게 말한다.

"너무 성급하게 재혼을 하더라."

재혼 실패 사례는 아직 재혼에 이르지 못한 여러 사람에게 허무주의와 냉소주의 정서를 형성하게 만든다. 이런 정서가 전염됨으로써 아직 재혼에 이르지 못한 홀몸들이 몸을 사리게 만드는 데 지대한 영향을 끼치는 것이다.

도대체 왜 이렇게 재이혼율이 높은 것일까? 나이 육십이 넘어 황혼 재혼을 한 경우 재이혼율이 90% 이상으로 더 높다고 한다. 왜 그럴까? 하루가 멀다 하고 나오는 결혼정보회사 광고에는 재혼만 하면 홀몸의 어려움이 한꺼번에 사라질 것 같은 환상이 들게 만드는 데 말이다. 이렇게 높은 재이혼율에 대한 원인을 생각하지 않고서는 어느 홀몸이라도 재혼을 하고 다시 재이혼 그룹에 속하지 않는다는 보장을 할 수 없을 것이다.

그런데 필자는 아주 특이한 현상을 관찰할 수 있었다. 재이혼을 안

하고 그럭저럭 생활을 유지하는 삼혼의 경우 말이다. 필자가 관찰한 삼혼의 경우야 열 손가락 안에 들지만 그중 다시 헤어지는 경우를 본 적이 없다. 이 역시 통계기구가 조사한 것이 아니라 필자의 관찰범위 내 현상이지만 재혼 이혼율 70%와 비교해 봤을 때 재혼과 삼혼의 그 사이에 뭔가 중요한 것이 있지 않겠는가.

즉 재혼에서는 미처 깨닫지 못하고 있었고 대처하지 못했던 그 무엇 때문에 재이혼을 하였지만 삼혼에 이르면서 그 무엇에 대한 오류시정을 한 것이 아닌가 하고 생각된다. 그렇다면 그 무엇이 재혼 때 충분히 생각되고 대처 되었다면 굳이 삼혼이라는 험난한 과정으로 갈 필요가 있었겠는가 하는 안타까움이 든다.

웃자고 하는 소리로 이혼은 인내심 없는 사람이 하는 것이고 재혼은 기억력 나쁜 사람이 하는 것이라는 말이 있는데 이혼을 인내심 강도로 바라보는 것은 동의할 수 없지만 재혼을 기억력이 없는 것으로 표현하는 것은 여러 가지로 생각해 볼 필요가 있다.

재혼을 하는 사람들은 요란하지는 않지만 내심 전 배우자 보란 듯이 이제야 자신에게 맞는 짝을 찾았다는 듯 흐뭇한 표정으로 재혼을 선언하고 재혼생활을 시작한다. 그러던 사람들이 얼마 못 가서 슬그머니 소식이 끊어지고 건너서 들어보면 재이혼을 한 사실이 들려오게 된다. 확인을 위해 전화를 걸어 보면 대부분 얼버무리거나 재이혼 사유에 대해서 구체적으로 설명하지 않는다. 초혼은 짝을 잘못 만나 고생만 하다가 실패한 것이고 재혼은 자기에게 맞는 짝을 찾았기 때문에 한 것인데 왜 또다시 재이혼을 하는 것일까? 기억력이 나쁘거나 아니면 기억력이 좋다고 착각했었기 때문은 아닐까.

정상적인 결혼생활을 하고 있는 사람들은 전혀 모르겠지만 이런 식으로 재혼시장의 미아가 되어 헤매고 다니는 사람들이 부지기수로 많다. 미아가 된다는 것은 길을 못 찾는다는 것이다. 길을 못 찾는 것은 자신이 걸어온 길을 기억하지 않거나, 자신이 서 있는 곳이 어디인지 위치 확인을 않거나, 지나치게 자신감이 넘쳤거나, 초혼 실패의 원인이 자신에게는 전혀 없다고 여겨 자기성찰을 하지 않았거나, 그리고 실패의 경험을 통해서 새로운 배우자를 찾는데 지력이 높아졌다고 착각했기 때문은 아닐까?

이런 착각은 눈에 보이지 않았던 암초에 의해 부서지는데 재혼을 할 때 암초를 보지 못하는 것은 순전히 자기가 보고 싶어 하는 것만 보았기 때문이다. 그 보고 싶어 하는 것이란 현재 자신에게 충족되지 못하고 있는 욕망이다. 그 욕망을 상대방이 채워줄 것 같은 착각으로 재혼을 하지만 보이지 않던 암초가 불쑥 나타난다. 결국 암초를 피하지 못하고 재이혼을 선택하는데 그게 70%가 넘는다는 말이다.

암초는 원래 있었던 것이지 어느 날 갑자기 불쑥 나타난 것이 아니다. 다만 자신의 욕망을 충족하려는 마음의 커튼에 가려 안 보였거나, 그다지 중요하게 생각하지 않았거나, 아니면 부딪쳐 이겨낼 수 있다고 과신했을 수도 있었을 것이다.

숨겨진 복병, 투명 고릴라를 찾아라

2001년 화와이 인근 해상에서 일본 해양실습선이 바다 밑에서 급부상한 미 핵잠수함과 충돌하여 실습생들이 숨지는 사고가 발생하였다. 이로 인해 미국과 일본이 갈등을 빚었다. 잠수함 함장은 잠망경으로 수면 위를 다 봤는데 그 방향에 어선이 있는 줄은 몰랐다고 말했다. 함장이 잠수함이 부상하려는 지점만 봤기 때문이다.

이와 마찬가지로 재혼에 실패한 사람들 이야기를 들어보면 자신이 보고 싶은 것만 봤기 때문에 불쑥 나타나는 재혼의 암초를 피하지 못한 게 아닐까 하는 생각이 든다. 그래서 재이혼을 하게 된 것은 아닌가 하는 생각도 든다. 원래 인생 자체가 생각지도 못한 것들이 불쑥 튀어나오기도 하고 암초 없는 재혼은 있지도 않겠지만 말이다.

사람은 자기가 보고 싶은 것만 보려고 하는 습성이 있다. 그리고 보기 싫거나 귀찮은 것은 외면해 버리거나 흘려버리는 습성 또한 있다. 이를 인지심리학에서 극명하게 실험한 것이 있다. 인지심리학이란 인간이 사물을 지각하고 생각하며 기억하는 정신활동이 진행되는 동안의 심리과정을 탐구하는 학문으로 경험과 실험을 중시한다.

실험은 이러하다. 농구장 코트에 서 있는 몇 명의 사람들에게 코트 안에서 농구공을 몇 번이나 주고받는지 세보라는 것이다. 이때 코트에 고릴라가 지나가는데 이 고릴라를 발견하지 못하는 관찰자가 절반이 넘었단다. 필자도 재혼 희망자를 상대로 이와 비슷한 실험을 해 봤지만 역시 절반 이상이 고릴라를 발견하지 못했다. 자신은 착각하지 않는다는 착각을 실험을 통해 확인할 수 있었다. 인간의 지력이 얼마나 박약하고 위험한 것인지 꼬집는 실험이기도 하다.

재혼전선에 나선 사람들 태반이 이런 현상에서 자유롭지 못하다. 뻔히 코트를 지나가는 고릴라도 못 보는 판국에 물속에 숨어 있는 암초를 발견한다는 것은 쉽지 않은 일이다. 암초를 못 보는 것은 자기가 보고 싶은 것만 선택적으로 보려 하기 때문이다. 가령 코트에 있는 아가씨들 외모를 보려는 사람은 공이 몇 번이나 오갔는지 기억하지 못할 것이며, 공이 오간 횟수에만 집중한 사람은 코트에 몇 명이 있었는지 기억하지 못할 것이다. 그러니 지나가는 고릴라를 못 보는 것은 어쩌면 당연한 일일지도 모르겠다. 만약 고릴라가 지나갈 것이라고 예고가 있었거나 관찰자가 예상을 했다면 고릴라를 발견할 확률은 높아질 것이다.

투명 고릴라 실험처럼 어쩌면 눈에 콩깍지가 쓰여 재혼을 한다는 것은 자신이 필요한 부분만 보고 나머지는 전혀 눈여겨 보지 않았다는 말과도 같을 것이다. 이 말은 재혼을 가능하게 하는 계기가 되기도 하지만 눈에서 콩깍지가 벗겨지고 눈에 보이지 않던 부분들이 보이게 되면 재이혼을 할 수도 있다는 말이 되니 참으로 아이러니하다.

투명 고릴라 사례는 재혼시장에서 비일비재하며 가장 간과하는 면이기도 하다. 사례를 들어보자.

어린 딸을 혼자 키우는 젊은 사별녀 성아 엄마는 재혼 대상자로 가장 초점을 맞춘 것이 딸아이 아빠 역할을 해줄 남자였다. 자녀사랑 재혼 희망자 모임에 항상 딸 성아 손을 잡고 왔는데 어느 날 참석자 전부가 노래방에 가게 되었다. 한창 분위기가 무르익었을 때 딸 성아가 노래를 부르게 되었다. 그런데 성아의 노래는 그만 엄마를 울리고 말았다. 성아가 우리 아빠가 집에 들어오시면서 예쁜 인형을 사왔다는 동요를 부른 것이다. 성아 엄마가 딸의 손목을 잡고 밖으로 나가 손수건이 다 젖도록 눈물을 흘리는 것을 필자는 목격해야만 했다.

그렇게 딸 성아를 안고 눈물을 흘리던 젊고 미인인 성아 엄마가 어느 날 결혼을 한다고 전화를 걸어왔다. 그것도 남자를 만난 지 한 달 만에 말이다. 물론 그 전에 탐색 기간이 있었지만 교제 기간은 한 달을 넘지 않았다. 성아 엄마와 결혼을 하는 상대 남자는 자녀가 없는 만혼자였다. 그러니까 성아 엄마는 그동안 자기 딸의 아빠 역할을 해줄 남자를 부지런히 찾고 있던 중 매너 좋고 직장도 안정적인 남자가 눈에 들어왔던 것이다. 저 남자 조건이면 내 안타까운 딸에게 아빠를 만들어 줄 수 있겠구나 싶었던 것이다.

결혼식은 성대하게 치러졌고 신혼여행을 떠나는 이들 부부에게 잘 살기 바라며 손을 흔들어주었다. 그리곤 몇 달 후 성아 엄마에게 전화가 왔다. 그동안 관심 가져 준 것에 대한 감사와 잘 살고 있다는 안부 전화인 줄 알았다. 그런데 수화기 건너에서 성아 엄마는 흐느끼고 있었다. 한참 울먹이며 말을 못하던 성아 엄마가 건넨 첫 마디는 신경정신과를 가야 할 것 같은데 입원을 해야 하냐는 것이다.

그 후 지인들의 입을 통해 그간 성아 엄마의 사정을 전해 들을 수 있었는데 충격적이었다. 신혼여행을 간 날부터 문제가 생긴 것이다. 남자는 교제 기간 동안 한 번도 성아 엄마에게 성적 요구를 하지 않았는데 그것이 참으로 매너 있다고 여긴 성아 엄마였으나 알고 보니 남자는 발기부전 환자였다.

어쩌랴. 이미 결혼식은 양가 집안 어른들 모셔놓고 했으며 그토록 아빠를 그리워하는 딸에게 새아빠를 만들어 주었는데 말이다. 어쩔 수 없이 살아 보려고 애를 썼던 것 같다. 남자는 약물 투여 후 부부관계를 할 수는 있었다. 그렇게 해서 애가 들어섰다. 성아 엄마 입장에서는 둘 사이에 아이가 있어야 안심이라고 생각되어 임신을 했던 것 같은데 불행하게도 유산이 되고 말았다.

그런데 유산 경위가 기막히다. 남자의 구타에 의한 하혈이 원인이었다. 구타는 경제 문제로부터 시작되었다. 성아 엄마에게는 상가 딸린 조그만 집이 있었다. 그 집을 팔아 남자가 살고 있는 아파트 근저당설정을 풀어 준 것이다. 원금과 이자가 안 나가면 남자 월급으로 충분히 세 식구 알뜰살뜰 살 수 있을 것이라는 생각으로 집에 들어앉아 살림을 시작했다. 그런데 신혼부부라면 처음부터 하나씩 요리조리 만들어 간다고 하지만 이미 가정생활을 해 봤고 딸까지 있는 성아 엄마와 처음 결혼생활을 하는 남자는 갑자기 변화된 생활에 적응을 하지 못한 것이다. 지출 문제부터 갈등이 시작되었는데 지금까지 자기 월급을 마음대로 쓰던 남자는 불만을 갖기 시작했다.

더 큰 문제는 아빠의 역할을 기대했던 성아 엄마의 기대가 일부분도 충족되지 않았다는 것이었다. 아이를 키워보지 않았던 남자는 다른 아빠들처럼 딸 성아를 제대로 양육할 줄 모르고 그냥 여자의 액세서리 정도로 여기니 여기서 성아 엄마의 분노가 폭발한 것이다. 급기야 이혼 이야기가 나오고 재혼할 때 들어갔던 돈 문제가 나왔다. 이후 일어났던 상황들이 어떠했겠는가는 대충 그림을 그려 볼 수 있을 것이다. 그 과정에서 남자가 폭력을 행사했던 것 같은데 그 때문에 충격을 받은 성아 엄마가 유산을 했던 것이다.

성아 엄마는 자신의 이런 일련의 과정을 글로 남겼는데 제목이 '나를 죽이고 싶다'였다. 어린 딸을 둔 사별녀로 자기가 갈망한 현실이 허상이었다는 것이다. 누구를 원망하랴. 눈에 콩깍지를 쓴 것은 자신이며 그 콩깍지는 가장 절실한 것을 상대에게서 얻을 수 있을 것 같다는 허상의 커튼이었다. 자신에게 당장 필요한 것만 보고 고릴라는 보지 못한 것이었다.

이런 비슷한 사례는 무수히 많고 반대의 경우도 있다. 남자가 여자 없이 자녀를 키우는 경우에도, 원하는 재혼 배우자 우선순위로 자식들 엄마 역할을 해줄 여자를 찾는다. 이것도 부질없는 희망이며 재혼생활을 파탄 나게 만들 수 있는 욕망이다. 결코 이기적이라고 할 수 없는 이 애절한 아빠의 희망은 결코 재혼을 통해서는 충족될 수 없는 것이다. 이 세상에 친모처럼 자기 자식들을 키워줄 여자는 어디에도 없다. 없는데도 불구하고 상대가 그러해주기 바라는 마음이 팥쥐 엄마를 만들어내는 것이다. 나쁜 계모는 여자가 만들어 낸 것이 아니라 남자가 만들어 낸다.

이렇게 현재 자신에게 결핍된 것을 상대에게서 보상받고 충족하려는 마음이 허상을 꿈꾸게 하고 이 허상이 제대로 실현되지 않을 때 화가 나고 갈등을 빚는데 상대 잘못이 아니다. 다만 자신의 허상이 잘못되었을 뿐이다. 달은 원래 그대로인데 그 달에 계수나무 심고 토끼 뛰놀게 만든 것은 달이 아니라 자신이다. 그런데도 불구하고 대다수 홀몸 사람들은 그런 환상 없이 어떻게 재혼을 하냐고 묻는다.

재혼 후 생활이 어떻게 펼쳐질지에 대한 현실적 예측보다는 당장 자신에게 결핍된 욕망을 충족하려는 욕심이 무지를 용서하고 고릴라를 키운다. 자기가 보고 싶은 것만 보려는 착각과 무지가 재이혼으로 인도하는 것이다. 재혼에 있어 어떤 훌륭한 조건이라도 암초가 없을 수 없고 지금은 안 보이는 고릴라가 불쑥 튀어나오지 않는다는 보장도 없다. 다만 암초든 고릴라든 나타난다면 비켜갈 수 있는 지혜와 서로에 대한 믿음이 필요한 것이다.

그 지혜는 인식과 방법론에서 찾을 수 있을 것이다. 일각에서는 자기 성찰로 마음을 다스려야 한다고 말하기도 한다. 그러나 현실에서 힘들고 외롭게 살던 홀몸들이 마음까지 잘 다스리기는 어렵다. 그렇다면 현실적 차원에서 접근해 볼 필요가 있다. 재혼은 혼인에 성공만 한다고 해서 능사가 아니고 두 사람이 재혼생활을 잘 유지하는 것이 더욱 중요하기 때문이다.

✽ Second Wedding
그래도 재혼을 해야 할까

재혼은 무지막지하게 힘들다. 하지만 그래도 재혼은 해야 할 것 같다. 재혼을 하는 연유가 뜨거운 사랑이건 현실 안정이건 외로움 타파이건 거래건 뭐든 간에 오래 살려면 해야 할 것 같다. 인간 수명에 대해 연구하는 삼육대 천성수 교수는 배우자 있는 사람과 혼자인 사람과의 수명 차이를 발표하였다. 발표한 것을 보면 남성의 평균수명은 배우자가 있는 경우 75세이고 이혼자의 경우 65세였다. 여성의 경우 남편이 있는 경우 평균 79세이고 이혼자의 경우 71세로 8~10년 수명 차이가 난다고 한다. 배우자가 있고 없음에 따라 수명이 차이가 난다는 것이다. 오래 살아 봤자 뭐 하겠냐고 말하는 사람도 있지만 그건 살아 있어서 하는 말이다.

평균수명에서만 차이가 나랴? 자살률에서도 차이가 난다. 2011년에 통계청에서 아주 무서운 발표를 했는데 이혼자 자살률이 배우자 있는 상태에서 자살률(6.0%)보다 높다는 것이다. 얼마나 높은가 하면 배로 높다. 그중 이혼 남성(11.7%)보다 이혼 여성이(13.2%) 더 높다.

홀몸의 외로움은 죽음에 이르게 할 정도로 무서운 것이다. 전 배우자와 살 때는 혼자라는 것이 얼마나 무서운 것인지 모르다가 막상 이혼 후 혼자가 되고 나면 타인과 분리되고 사회관계가 파괴되는 현상을 진하게 맛보게 된다. 방 안에서 움직이는 것이라고는 자신뿐이라는 사실에 우울증도 스며들었을 것이다. 가족이라는 시스템에 속해 있지 않아 먹고 입고 잠자는 모든 것이 대충이다. 그나마 자녀를 양육하는 홀몸이라면 자녀 때문에 힘들더라도 기본적인 생활시스템이 돌아가겠지만 그래도 자신만의 절대적 외로움은 어쩔 수가 없다. 사춘기 자녀가 있는 홀몸이라면 자녀 눈치 보느라 더욱더 그렇다. 자녀가 독립하면 재혼하겠다고 미루지만 그때 되면 재혼은 더 힘들어진다. 이래저래 홀몸은 죽는 순간까지 서럽게 외롭고 또 외롭다. 우스갯소리로 영화 타이타닉에서 가장 외롭게 죽는 사람은 주인공 남녀가 널빤지를 잡고 서로의 사랑을 확인하는 장면을 홀로 목격하면서 죽어가는 사람이다.

홀몸의 외로움이란 개인의 자아성숙을 위한 절대적 고독과는 전혀 다른 성질이다. 자신의 영혼을 맑게 키우기는커녕 갉아먹고 육체적으로는 무기력의 나락으로 빠뜨린다. 사별도 사별이지만 이혼 후 혼자가 된 사람은 더 외롭다. 전 배우자와 같이 계속 살다간 숨이 막혀 죽을 것 같아 이혼해서 족쇄에서 해방됐다 싶은데 해방된 공간을 채우는 것은 지독한 외로움이다.

그런데 이 홀몸들의 외로움은 좀 특이하다. 얼핏 보면 상대적 외로움 같지만 자신의 의지로 혼자가 되고자 했으니 견딜만해 보이기도 한다. 그런데도 이들의 외로움은 투명괴물 같아 그 정체를 파악하기조차 힘들다. 보이는 적과 싸우는 것보다 보이지 않는 적과 싸우는 것이 더 어려운 것이다. 홀몸의 외로움은 단지 사람이 있다고 해서 해소되는 것이 아니라 그 사람이 현재 자신이 갖고 있는 욕망을 충족시켜 줄 수 있는 사람이어야만 가능한 것이다. 이것이 더 홀몸을 외롭게 만든다. 돈에 쪼들리는 홀몸은 경제적으로 안정된 홀몸을 만나기 원하고, 전 배우자가 외도를 해서 이혼한 홀몸은 자기만 사랑해줄 사람이 나타나기 원하고, 지금 자녀 걱정을 하는 홀몸은 엄마 아빠해줄 사람을 원하고, 원하고 원하는 것이 그다지도 많은데 충족시켜 줄 수 있는 상대가 없기 때문에 더욱더 외로워질 수밖에 없는 것이다.

홀몸은 마음만 외로운 것이 아니라 밤도 외롭다. 홀몸이 되면 연애를 자유롭게 할 수 있을 것이라는 생각은 공상에 불과하며 홀몸남들의 성적욕구는 처절하리만큼 비참하다. 남자만 그러랴? 여자도 마찬가지다. 직접적 표현을 안 해서 그렇지 성적 결핍 문제가 여성이라고 다를 것이 없을 것이다.

또 웃자고 하는 소리지만 한 아파트 단지에서 홀몸이 얼마나 될까 계산해 보는 것도 유용할 것이다. 2010년 기준 사별로 인한 단독 가구주가 200만 명이 넘어섰다. 이혼으로 의한 가구주는 130만 명, 합이 330만 명이고 이는 우리나라 전체 가구주의 19%에 해당한다고 한다. 무서운 숫자다. 그러니까 얼추 아파트 한 동에 한 라인은 족히 홀몸 가구주들이 채우고 있다고 보면 되는 것이다. 그리고 그중 40대가 40%를 차지한다. 아직 몸과 마음이 뜨거울 나이인 40대란 말이다.

젊은 홀몸 남녀들의 성적 결핍은 삶의 질을 떨어뜨리는 데 큰 몫을 한다. 실제로 홀몸 남녀가 가장 우선하는 문제가 성 문제다. 이혼과 동시에 성과 단절되는 것은 이미 그것에 익숙해진 사람에게는 매우 괴로운 일이기 때문이다. 남자든 여자는 그것의 단절 때문에 조로早老할 수도 있는 것이다. 그것은 기분을 불쾌하게 만들고 괴팍한 성격을 형성하도록 조성하면서 정신질환을 유발하기도 한다.

이 문제는 눈 가리고 아웅한다고 되는 것이 아니다. 수도자들처럼 내색은 안 하지만 원초적이고 피할 길 없는 문제인 것이다. 이것 때문에 재혼시장에서 끊임없이 문제가 발생한다. 엔조이냐 사랑의 과정이냐 하고 말들이 많은데 재혼에 성공하면 사랑의 과정이었고 재혼에 이르지 못하면 남들이 엔조이로 치부해 버린다. 홀몸 남녀가 총각 처녀가아닌 이상 교제가 시작된다는 것은 성적 접촉이 동시에 이루어지는 것을 말한다. 불륜도 아니고 그렇다고 떳떳한 부부관계도 아닌 이 슬프고도 야릇한 문제를 합의를 이끌어 내지 않고 어물쩍거려서는 상호 간에 성적 파트너밖에 되지 않는다는 괴리감에 사로잡혀 갈등을 겪는다.

아무리 한국사회가 개방되어 간다고 하지만 성적 욕구는 공적인 결혼제도를 통해서 해소해야 한다는 것이 아직까지 일반통념이고 홀몸 남녀 역시 이 통념에서 자유롭지 못하다. 신분적으로 성적구속이 없는 홀몸들은 역설적으로 더욱 정조를 요구하며 퇴폐로 보일까 조심한다. 재혼시장에서의 성은 남녀 서로 가장 원하는 욕구이면서도 가장 경계

하는 부분이다. 서로의 욕구를 잘 알기 때문이며 우선 무얼 요구할지 알기 때문이다. 하여 성을 담보로 무엇을 확실히 보장받으려는 여자와 보장해줄 것 같이 굴면서 성을 요구하는 남자 사이에 치사하기 짝이 없는 짓도 벌어지는 것이 숨길 수 없는 사실이다.

이런 성적 욕망 문제는 결혼이라는 제도를 통해야만 가능하다는 성경 말씀을 따르기 때문에 생기는 것이 아니다. 성과 이기적인 재혼이 함께 묶여져 있기 때문이다. 남자와 여자는 자신의 편안함과 이익을 위해 재혼하지 봉사정신으로 재혼하는 것이 아니다. 성적인 측면도 자신의 욕구를 충족할 수 있다는 이익이 있기 때문인데 이를 취하려면 상대에게 성 외에 다른 것도 제공해주어야 한다.

홀몸에게 가장 원초적으로 갈급한 성 문제만 해결하려면 굳이 재혼을 하지 않고도 해소할 수 있을 것이다. 그런데 그게 엔조이라는 타이틀에 걸릴까 봐 사려하는 까닭이다. 필자가 그동안 수많은 홀몸들과 성에 대해 이야기해 본 결과 성에 대해 자기 논리를 당당하게 피력하는 사람을 본 적이 없다. 홀몸들은 이렇듯 성 문제에 있어 고통받고 있는 사람들이다.

그런데 홀몸 남녀가 단순히 섹스라는 성적인 측면만 해소하려는 것이라면 그토록 머리 아플 필요가 없다. 그것만이 아니라 성과 경제와 마음의 안정을 찾을 수 있는, 성 외에 가정이라는 욕망이 동시에 해소되어야 한다는 것에서 부조화가 발생하는 것이다. 성은 서로 채워줄 수 있지만 나머지가 여건상 충족하기 힘들다고 판단되면 성과 재혼이 따로 분리된다. 왜냐면 초혼이 아니기 때문이다. 이미 남녀 각각 쌓아 놓은 자녀 등 조건이라는 짐들이 수북이 있기 때문이며 이것을 서로 선뜻 떠안기는 힘들다. 그래서 홀몸 남녀의 성과 더불어 가정을 이룰 수 있는 구성체, 즉 재혼이 겉돌게 된다. 이 과정에서 헤어짐이 무수히 발생하는데 1부에서 박정수 과장과 프로방스의 헤어짐도 바로 이런 형태인 것이다. 설혹 그들이 재혼에 이르렀어도 투명 고릴라를 잘 다스릴 것이라고는 여겨지지 않는다. 그들의 욕망은 서로 엇박자를 내고 있었기 때문이다.

깊은 성찰을 통한 자기희생을 각오한 재혼이거나 또 그럴 만한 가치가 있는 상대라면 모를까 내가 무조건 손해를 보겠다는 마음으로 재혼을 하는 사람은 없을 것이다. 최대한 내가 이익을 볼 수 있다는 생각과 그러기 위해서는 최소한 상호 협력하면 된다는 생각이 서야 성사가 되지 않겠는가.

그러나 재혼을 그렇게 경제적 협력관계 또는 성적 해소의 방도, 단순 외로움의 탈피를 위한 방편으로만 여긴다면 참으로 서럽고 서러운 일이다. 조물주는 인간의 외로움을 혼자 해결할 수 있도록 만들지 않았다. 인간이 배우자 없이 생물학적 욕구나 심리적 안정을 갖는다는 것은 수도자 아니면 힘든 것이다. 아무리 일시적이고 즉물적으로 해소한다고 해도 문명인으로 태어난 이상 사랑이라는 감정 없이는 성적 본능이든 생활적 협력이든 충분히 만족시킬 수 없기 때문이다. 깊은 친애감과 굳센 공동의식에 항상 목말라 있는 홀몸들에게는 사랑 없는 즉물적 섹스는 어떤 깊은 충만함도 줄 수 없고 애정 없이 생활을 위한 협력적 차원의 재혼은 삶의 질을 높일 수 없다.

그래서 사랑의 감정이 일렁거리게 만들 대상이 나타나길 학수고대한다. 재혼시장에서 흔히 주체할 수 없는 사랑의 감정을 느끼는 사람을 만나는 경우도 있다. 이성적으로 판단하건데 분명히 사랑을 해서 재혼을 할 만한 조건이 아닌데도 감정에 이끌려 재혼에 이르게 된다는 것이다. 재혼의 여러 어려움 때문에 연애를 하고 있으면서도 재혼을 하기 주저하는 사람들은 자신도 이러한 감정에 감염되길 바라는 마음이 간절하다. 도무지 재혼을 머리로 생각하니 혼란스럽고 두려워 그냥 이성이 마취되고 감성에 이끌려 해버렸으면 좋겠다는 것이다. 그러나 그것이 반드시 운명적 계기에서만 생성되는 것도 아니고 반이성적인 상태에서 생성되는 감정만은 아닌 것이다.

오히려 이성적으로 현실을 충분히 살피면서 합당한 방식을 찾아 나아갈 때, 거기서 나오는 신뢰는 격정적인 사랑의 감정보다 더 깊고 질길 것이다. 사랑은 단순히 감정을 말하는 것이 아니라 상호 희생과 협력과 노력이 쌓여서 만들어지는 감정이기 때문이다. 다만 사람들이 그런 재혼사랑을 향해 나아갈 수 있게끔 합당한 방식이 무엇인지 깊게 고민하지 않기 때문에 운명적 사랑이 찾아오기만을 기다리는 것이다. 자신의 현재와 미래의 불안을 온전히 떨쳐 버리게 만들어 줄 수 있는 상대, 그런 완벽한 상대가 나타나 주기를 바라는 마음 때문에 재혼시장에도 백마 탄 왕자나 평강공주 신화는 지워지지 않고 오히려 더 강하게 부활 하는지도 모르겠다.

　도대체 홀몸들의 존재의 불안은 무엇일까. 왜 재혼이 이모저모 따져 봐도 홀몸보다 유리한 것인 줄 알고 갈망하는데 왜 불안한 것일까. 이 점에 대해서 솔직히 밝히지 않고서는 우연히, 운명처럼, 필에 의해서, 아니면 어떤 힘에 이끌려서 재혼을 한다고 해도 재이혼의 위험지대에서 쉽게 벗어날 수 없을 것이다.

　불안을 일으키는 요소로는 물리적 · 심리적 · 인식적 장애로 나누어 생각해 볼 수 있을 것이다. 우선 물리적인 장애는 재혼에 있어 가장 피부로 느끼고 또 전부인 것처럼 생각하는 것이다. 먹고 사는 경제적인 것과 자녀들 문제와 더불어 거주 공간 등 생활에서 쉽게 생각할 수 있는 직접적인 문제들이다. 이런 문제 때문에 조건을 따지게 되는 것이고 조건을 따지다 보면 선택의 폭이 너무나 좁아져 대상이 희박해진다.

　다음으로 심리적 장애가 문제다. 자신의 내면세계를 찾아 떠나는 여행을 하지 않으면 쉽게 파악할 수 없는 부분들이지만 자신이 바라는 새 배우자상과 재혼이 어떤 그림을 그리고 있는지 냉철히 성찰해야 한다. 혹시나 초혼 실패에 따른 보상심리가 있지는 않나, 상처로 인해 내 마음에 족쇄를 채우고 있지는 않은지 살펴봐야 한다.

　사람들은 자신의 상처를 다 감싸주고 치유해줄 사람을 찾겠지만 스스로 치유하지 않으면 상대가 치유해줄 수 없다. 과거의 검은 그림자에서 벗어나지 못하면 과거의 경험이 현재를 주저하게 만들고 미래를 포기하게 한다. 홀몸들이 교제하는 것을 관찰해 보면 그들이 수시로 상대에게 확인하고 검증하려고 하는 것은 상대 때문이 아니라 치유되지 않은 자신의 마음 때문이다. 전 배우자의 외도로 이혼한 사람은 새로 만난 사람의 출퇴근 시간을 재고 경제파탄이 원인이 되었던 사람은 상대의 재산 상태와 월수입을 확인하려고 노력한다. 폭력으로 이혼한 여자는 남자의 호탕한 웃음소리마저 겁을 집어 먹는다. 이래서는 새로 만나야 할 사람의 참 모습을 발견할 수 없을뿐더러 상대를 피곤하게 만들어 버린다. 이렇게 과거의 검은 천을 새사람에 뒤집어씌우는 현상은 남녀에게 공히 발견되는 모습이다.

그다음으로는 인식적 장애다. 편지를 써서 우체통에 넣던 시절이나 스마트폰으로 메시지를 주고받는 지금의 시대나 별반 달라진 것이 없는 것이 바로 재혼가정의 구성형태다. 재혼을 하면 당연히 그렇게 살아야 한다는 고답적 인식이 재혼 성사를 어렵게 만들고 생활유지를 힘들게 만드는 것이다. 재혼을 하게 되면 여자가 남자 집에 들어와야 하고 밥상을 차리고 재혼한 남편의 자녀들을 양육해야 하며 남자는 여자가 주는 밥을 먹고 밖에 나가 돈을 벌어 와야 한다는 고전적 인식이다. 예전 시절의 재혼방식을 지금에 와서도 그대로 재현하려고 한다. 달리 말하면 재혼을 초혼의 형태로 복원하려고 하는 것이다.

남자들은 여전히 조선시대 때 제작된 재혼 그림을 벽에 붙여 놓고 재혼할 여자를 만나러 다닌다. 여자가 남자를 사랑만 한다면 그 사랑의 힘으로 초혼의 형태가 그대로 복원될 것이라 여긴다. 남자가 이렇게 낡은 의식을 가지고 착각하는 동안 여자는 남자가 자신을 사랑하니까 결혼생활에 따른 어려움은 강요하지 않을 것으로 착각한다. 하지만 그 착각은 자신들의 상상이 부질없다는 것을 깨우쳐 주게 되어 있다. 착각에 의한 낭만은 짧고 현실은 길기 때문이다.

재혼 전 교제 기간에서 느끼는 낭만적 사랑은 가정이라는 제도 속에 있지 않은 자유로운 상태에서만 지속될 수 있는 것이다. 재혼을 이루고 난 후에는 낭만적 사랑으로 뭔가 해 주고 싶은 그 모든 행위들이 의무가 되며 사랑도 소멸하기 쉽다. 남녀가 만나 서로 호감을 느끼고 탐색을 하면서 애정이 생기면 소설도 만들고 예술도 만들고 음악도 만들어 내겠지만 현실적 인식은 이를 통제한다. 그래서 사랑하기에 헤어진다는 말이 나오는 것이겠지만 이러한 장애 요소들이 재혼생활 유지를 어렵게 만든다.

책임감 없는 사랑보다 고달픈 재혼이 낫다

재혼을 하고 싶거나 해야 할 것 같고 그러기 위해서는 재혼의 환상이나 최소한 뭔가 좋을 것 같은 것이 있어야 마음을 먹을 것인데 희망을 꺾는 말만 하는지 모르겠다. 그렇다고 홀몸 상태로 있으면 영혼에 충만함이 들어차지 않고 소멸해 간다. 그뿐이랴? 몸도 축난다. 결국 몸과 정신이 소금바람에 말라가는 명태처럼 되어 간다. 젊음도 청춘도 술에 다 타서 마셔 버리고 붙들고 살았던 자녀도 출가하면 그때 가서 지팡이 잡고 늙어간다.

아무리 사회가 개방되었다 해도 옆지기 없는 홀몸은 세상으로부터 알게 모르게 단절되어 있다는 느낌을 떨쳐 버리지 못하고 살고 있지 않은가. 통상의 부부들 모습과 정서에 자신은 많이 비켜나 있다는 것을 느끼지 않는가.

그걸 모르는 바가 아니다. 그래서 재혼을 해 보려고 하는데 겪어야 할 문제가 너무 많다고 하지 않는가. 재이혼율이 70%가 넘는다고 하지 않는가. 대가를 치러야 할 것이 너무 많고 부담해야 할 것이 겁나서 어디 하겠는가. 이런 생각이 들 시점에 홀몸들은 누구나 한 번쯤, 깜찍하고 창의적인 생각을 해본다. 혼자 은밀히 해보는 아름답고 즐거운 상상으로 재혼은 힘든 것이니 연애만 하면 안 될까 하는 것이다. 연인처럼 또는 남편 아내처럼 대하면서 서로 부담은 주지 않고 결핍된 부분만 채워주면 되지 않을까 이런 생각 말이다.

얼마나 자유롭고 편한가. 치러야 할 대가도 없이 필요한 욕망만 채울 수 있는 '자유연애!'가 말이다. 홀몸으로 살아가는 데 따라붙는 외로움을 그때그때 덜 수 있고 고립에서 벗어나 사회화될 수도 있으면서 불편한 것은 피할 수 있으니 말이다. 또 때론 친구처럼 이러저러한 말벗이 되고 때론 연인처럼 커피를 들고 심야영화관에서 어깨를 기대고 영화를 볼 수 있으니 말이다. 불륜이 아니니 사회적 제약에 걸리지 않고도 불륜처럼 뜨거울 수 있을 것 같다. 또 이것은 상대편 경제를 책임지지 않아도 되며, 상대편 자녀를 양육하지 않아도 되고, 상대편을 위해 내 삶의 질서를 바꾸지 않아도 되고, 상대편을 위해 어떤 희생이나 손해를 보지 않아도 된다. 그리고 상대방에게서 얻을 수 있는 것이 시들해지면 다른 대상을 선택할 수 있기도 하다.

그러나…… 이것은 힘들고 위험한 발상이다. 결혼제도에 속해 있지 않은 홀몸이 자유롭게 그리고 행복하게 연애를 하며 인생을 즐길 수 있다는 것은 대단한 착각이다. 사람은 결국 제도 속에서 살아갈 수밖에 없고 그런 사회구조 속에 속해야 함을 느끼게 될 것이다. 결혼제도란 성의 규율화, 경제적 협력, 종족번식, 사회화의 규범인데 이런 규범은

법률에 속해 있을 뿐만 아니라 관습이나 시대의식에도 속한다.

필자의 이런 견해를 어떤 사람들은 이렇게 말할 수도 있겠다.

'남의 입장을 알지도 못하면서 함부로 도덕적 잣대를 대는 것이 아니오.'

입장도 알겠고 마음도 알겠다. 그런데 그 말에는 책임이 빠져 있다. 거듭 말 하건데 그렇게 말하는 당신의 마음속에 채워져 있는 것은 열정과 친밀감이요, 빠진 것은 책임이다.

세상 이치가 내 생각 내 계산대로만 되는 것은 아니다. 확고한 자기 철학과 의식을 가져야 하고 무엇을 얻기 위해 치러야 할 대가를 지불하지 않고 필요한 것만 취하려 하는 것은 내 이기심의 발로에 지나지 않는다. 의무감과 책임의식이 없다면 마음은 손쉽게 황폐해지고 마치 좀비처럼 즉물적 욕망만 남게 된다. 그런 사람에게 그 누가 욕망의 대상이 되어주려 하겠는가. 상호 욕망이 맞아떨어지는 것은 한두 번이지 영구성은 절대 갖지 못하는 것이다. 결국 재혼시장 미아가 되는 지름길인 것이다.

또다른 재혼, 국제결혼

강남의 모 백화점 아동용품 코너를 운영하는 여사장님이 이렇게 말했다. 외국인 엄마가 아이를 안고 와서 이것저것 물어보면 대답도 안 한다는 것이다. 이유는 가격이나 기능에 대해 물어만 보고 사지는 않기 때문이란다. 아이한테 사주고는 싶은데 돈이 없는 것이다. 왜 돈이 없는가 하면 한국 남편이 신용카드를 안 주기 때문이란다. 한국 남편 따라 시집와서 아이 낳고 사는데 가정기능공 역할만 수행하는 것이다. 남편이 자신을 찾아 물 건너 산 너머 찾아와서 결혼했건만 말이다. 나중에 한국인 남편과 같이 찾아오면 그때서야 손님 응대를 하는데 결제는 남편이 한댄다.

극소수이겠으나 한국 재혼 남편과 국제결혼한 외국 여성의 단면이다. 이혼남 중 제법 돈이 있는 남자들 중에, 또 조선시대 잔재의식을 고스란히 갖고 있는 남성들이 팀을 꾸려 해외여행을 떠난다. 국제결혼 회사를 통해 선을 보러 가는 것이다. 홀몸남이 한국에서 홀몸녀를 찾으려 하니 도무지 자기 뜻대로 되지 않아 해외로 눈을 돌리는 것이다.

2010년 외국 여성과 국제결혼한 한국 남성 중 초혼은 64.7%이며 재혼은 35.3%다. 나라 순은 중국, 베트남, 필리핀 순이다. 해마다 국제결혼에 재혼 남성 비율이 높아지고 있는 것은 여러 가지로 한국사회 가정에 대한 의식이 남성은 고정되어 있고 여성은 변화되어 있다는 것을 반영하는 것이다.

홀몸남이 미혼남보다 더 여성을 절박하게 아쉬워하는 것은 이미 누려봤던 것을 상실했기 때문이다. 여성을 기능적으로 생각하는 극소수 남성들이 엷게라도 생활의 불편함을 해결하려는 수단으로 홀몸녀를 찾으려 한다면 재혼 성사도 어렵겠지만 설혹 재혼을 하였다 해도 재이혼할 확률이 상당히 짙어진다. 그래서 여자도 국제재혼을 하는 경우가 늘어나고 있는 추세다.

재혼생활에서 남자가 이미 만들어놓은 자기 질서 하에 여자를 복속시키려 하면 여자 입장에서는 받아들이기 힘들다. 초혼의 형태로 복원되기 어렵다는 말이다. 그런데도 불구하고 재혼생활을 초혼생활처럼 똑같이 재생하려고 하니까 부하가 걸리고 문제가 생기는 것이다. 재혼은 초혼과 분명히 조합된 형태가 다른 것이다.

폐기되어야 할 정상가족 신화

'곰 세 마리'라는 동요가 있다.

곰 세 마리가 한 집에 있어
아빠 곰 엄마 곰 애기 곰
아빠 곰은 뚱뚱해. 엄마 곰은 날씬해.
애기 곰은 너무 귀여워. 으쓱으쓱 잘한다.

한국 사람들은 아직도 이런 정상가족 프레임 안에서 초혼과 재혼을 생각한다. 변화하는 사회 속에서 가족의 형태가 다양하게 생성되는데 재혼가정과 한부모 가정을 차별적으로 바라보는 시각이 여전히 굳건하다. 세상이 바뀌면서 가족 형태 역시 변화하지만 의식이 변화를 따라가지 못하고 있는 것이다. 이런 고정관념 속에서 혈연이 아닌 사회적 관계로 이루어진 재혼가정은 여러 가지로 난관에 부딪칠 수밖에 없다.

인터넷 모 재혼클럽에 올라온 한 여성의 자기 고백을 들어 보자.

초등학교에 다니는 딸이 캠프를 가게 돼서 엄마들이 모임을 갖게 되었단다. 식사를 하게 되었는데 모임이 끝날 쯤 다른 아이 아빠 되시는 분이 와서 누구 아빠라고 자기소개를 하고 식사비를 계산한 다음 자기 아내를 차에 태우고 가더란다.

그 모습을 보고 기분이 참담하기까지 하여 빈집에 홀로 들어오는데 혹시 자신이 그런 남자를 찾고 있는 것이 아닌가 하는 의문이 들었단다. 그러면서 어느 남자가 그렇게 해줄 수 있겠는가 반문을 해봤다는 것이다. 이 여성 역시 재혼을 초혼가정의 재생으로 여기고 있었던 것이다. 곰 세 마리 동요로 상징되는 정상가족처럼 말이다.

지금의 사회구성체로는 재혼은 정상가족으로 복원될 수도 없고 재생될 수도 없다. 구한말 농경사회도 아니고 유교가 지배하는 사회도 아니기 때문이다. 가정에서 성별 분업이 확연히 구별되는 것도 아니고 저출산과 개인의 욕망이 우선 실현되는 상황에서 정상가족 이데올로기는 미디어가 조장해 놓는 특정 형질로 드라마 소재감으로만 인정받고 있을 뿐이다. 출생의 비밀로 혈연의 중요성을 부각시키고, 정상가족은 화목한데 특정 형태의 가정은 근간부터 갈등을 품고 있다는 등 철저하게 혈연 중심적 프레임에 가둬 놓는다.

그런데 정상가족신화에서 이탈된 사별, 이혼자들이 이런 프레임에서 벗어나지 못하고 다시금 정상가족처럼 정서나 의식이나 가족형태, 그리고 부부 역할이 채워지기 바란다. 이미 초혼에서 형성된 수많은 이질적 요소를 갖고 있고 사회적 관계로 새롭게 탄생되는 재혼가정을 꾸리는데도 불구하고 말이다.

재혼은 이런 정상가족 이데올로기에서 벗어나야 한다. 벗어나지 않는 이상 혈연관계인 초혼가정과 사회적 관계인 재혼가정 사이에서 방황할 수밖에 없기 때문이다. 초혼에서 이탈되었다고 해서 정상가족이 아니라는 사회적 인식도 문제이지만 특정 형태의 가정을 스스로 받아들이지 못하는 자신의 의식도 문제인 것이다. 재혼가정은 사정과 상황에 따라 다양한 형태로 선택할 수 있는 것이지 차별이 되는 것이 결코 아니다.

또 부성 모성 신화도 폐기되어야 한다. 남자가 손수레를 끌던 직장을 다니던 어찌됐든 가정 경제를 책임져야 한다고 생각한다면 재혼가정이라는 중첩된 가족을 부양할 수 있는 남자는 극소수에 불과하다. 경제 역할 뿐만 아니라 아빠라는 역할도 버거워지고 자녀 양육에 있어 훈육이라는 점에서도 한계에 부딪힐 수밖에 없는 것이다. 반대로 모성신화도 폐기 되어야 한다. 여성이 자녀를 먹이고 입히고 양육해야 한다는 고답적 역할을 기대했다가는 팥쥐 엄마만 양성할 뿐이다.

이런 정상가족신화와 부성 모성 신화를 폐기해야만 서로가 좀 더 자유로워질 수 있고 그 바탕 하에서 새로운 가정형태를 선택할 수 있는 범위가 넓어지는 것이다. 재혼가정은 엄연히 상호 협력을 통한 사회적 관계맺음이라는 개념으로 전환해서 서로에게 자유를 주어야 한다. 그래야 갈등의 소재도 적어지게 될 것이다. 이것은 책임과 의무의 축소라는 뜻과는 다른 것이다.

재이혼을 막을 방법이 있을까?

행복하기 위해서 재혼을 하는 것이라면, 행복을 위해서 재혼생활에 따른 어려움을 줄일 새로운 방법을 생각해 봐야만 한다. 재이혼율을 낮출 수 있는 것이 무엇인지 고민해야 한다는 말이다.

오랫동안 재혼시장에 일어나는 현상에 대해 관찰해 본 결과 아주 특이한 것이 있었는데 그것은 앞에서 언급했듯이 삼혼을 한 사람들에게서 세 번째 이혼을 발견하지 못하고 있다는 것이다. 물론 필자의 개인적 시야 안에서 그러하겠지만 삼혼이 유지되는 까닭을 살펴보지 않을 수 없다.

K 여성의 재이혼은 의처증이 심해 도저히 못살겠다는 이유였다. 그도 그럴 것이 남자가 10년 연상이라 이것저것 다 이해해줄 것이라 여기고 재혼을 했는데 오히려 구속이 심하더라는 것이다. 그리고 그간에 직업상 알게 된 사람이든 지인이든 남자라면 모조리 다 못 만나게 했단다. 나와 재혼했으니 이제부터는 내 관리 하에서 생활을 하라는 것이다. 이런 의식이 의처증으로 표현되었는데 이는 시대착오적이며 근거

없는 남성지배의식이다.

남성이 이런 식으로 낡은 가부장의식을 발휘하려고 하면 여성 역시 결혼제도 속성을 이용해 반격한다. 돈이나 많이 벌어다 주면서 의처증을 부리든 위치 추적기를 부착하든 하라는 것이다. 맞벌이시키고 살림도 다 맡기면서 무슨 말도 안 되는 의처증으로 여자를 집에 가두려고 하냐는 것이다.

안 되는 일이고 안 되는 사고방식이다. 조선시대에는 아니 가깝게 5~60년대까지만 해도 초혼이든 재혼이든 아내가 남편에게 순종하였고 남편은 아내에게 순종할 필요가 없었다. 그러나 오늘날 능력 있고 똑똑한 여성들은 남편에게 무조건 순종할 이유가 없다. 재혼은 더더구나 그렇다. 이미 자신의 독립된 질서를 가지고 생활하고 있는 여성에게 재혼을 했다고 해서 남성의 질서에 무조건 맞추라고 하는 것은 여성에게는 엄청난 희생을 강요하는 일이다.

그렇게 안 되는 강압을 부려 재혼생활을 유지하지 못하고 재이혼을 한 사람은 몇 년간 또다시 삼혼을 기다리는 생활을 하게 된다. 삼수생 생활은 이혼 생활보다 더 비참하고 참혹하게 이어진다. 이혼 후에는 혼자 살아가야 한다는 절대당면 과제 앞에서 전투력을 발휘하게 되지만 삼수생 생활은 이런 전투력마저 약화되기 마련이다. 급기야 패배주의가 몸속에 암처럼 번지게 되고 허무한 마음으로 하루하루를 보내게 된다. 이혼은 위로의 말이라도 듣지만 재이혼은 어디 가서 변명도 못한다.

그러다 어느 날 슬며시 운 좋게 삼혼을 하게 된다. 우울증이 깊어지기 전에 나이를 더 먹기 전에 다시 사람을 만나는데 이 과정에서 스스로 기가 죽었는지 철이 들었는지 세상을 알 만큼 알았는지는 모르겠으나 세상 욕심에서 초월한 듯 도인의 풍모도 보인다. 이런 삼혼자들이 하는 소리가 또 남다르게 들린다. 사람이 있는 것으로 족하다, 바라는 것이 없다, 이런 소리를 한다. 재혼 실패가 가져다준 시행착오가 큰 깨달음을 주는 것이다.

재정 문제

짝을 이루는 것과 가정을 이루는 것은 초혼에서는 동시에 이루어지고 시작되는 것이겠으나 재혼은 별개이다. 비록 홀로된 가정이지만 자녀를 양육하고 있었다면 나름대로 경제생활이 있었을 것이다. 이런 각각의 가정 경제를 재혼을 했다고 해서 통합한다는 것은 어려운 일이다. 초혼은 짝을 이루는 동시에 가정 경제가 이루어지겠지만 재혼은 별개이며 형식상 가정 형태를 갖추어도 실질적 내용에 있어서는 겉돌기 쉽다. 돈 문제가 특히나 그러할 것인데 남자가 단독재정지출을 책임보장하지 않는 이상 적어도 돈에 있어서는 남녀평등 의식은 없다. 남자가 돈이 많아 여자의 경제적 힘을 빌리지 않고 양쪽 가정을 합쳐 생활을 할 수 있다면 그 이상 좋은 것이 어디 있겠는가. 재혼을 희망하는 모든 여성들이 바라는 바가 아니겠는가.

그러나 희망과 현실은 너무나 다르게 나타난다. 일단 이혼을 한 남성은 양쪽 가정을 다 책임질 만큼 돈이 많지 않을 것이다. 설혹 돈이 많다고 해도 쓰임에 있어서는 사람 마음이 너그럽지 않다. 돈을 쓰게 되면 얻으려 하는 것이 권력이고 주어야 할 것이 복종이다.

이렇게 돈은 사람의 의식을 알게 모르게 조종한다. 부모자식 친형제 간에도 그러하거늘 아무리 사랑이라는 감정으로 재혼이 이루어졌다고 해도 각자의 조건을 싸매들고 결합한 남녀에게 있어서 돈 문제는 아주 민감하게 감정의 틈새에 스미고 사랑의 감정에 푸른곰팡이를 피우게 만든다. 푸른곰팡이 씨앗은 부부 한 쪽의 사망 후까지도 생각하게 만드는데 어느 한 쪽이 사망할 경우 양육 문제나 재산 상속 등이 복잡하게 얽힐 수 있다는 생각 때문이다.

이런 곰팡이를 애초부터 키우지 않으려면 오로지 한 가지 방법밖에 없을 것이다. 남자의 완전흡수통합 단독재정 지출이다. 여성의 돈은 일절 건드리지 않고 맞벌이도 시키지 않으며 오직 남자의 돈으로만 생활을 하는 것이다. 이게 가능한 일일까? 가능한 재혼부부들이 있다. 남녀가 집을 장만하여 살림을 합칠 때 명의를 여자 앞으로 하고 맞벌이를 하더라도 남자의 월급을 고스란히 여자에게 갖다 주고서는 가정 재정을 완전히 위임하는 것이다. 남자가 여자를 믿고 또 여자도 남자가 믿을 수 있게 만드는 것이다. 이런 재혼부부는 재혼생활을 잘 유지하는 소수 그룹에서 찾아볼 수 있다.

단, 이런 경우에는 여자가 남자의 수입이 적더라도 그 안에서 어찌 됐든 살겠다는 각오가 있었을 것이다. 또한 재혼을 경제적 발판으로 삼으려 하지도 않았을 것이다. 그래서 재혼에 있어서 가장 중요한 것은 상호 가치관이다. 아무리 물적 조건이 좋아도 가치관이 다르면 재이혼의 대열에 설 위험성이 많은데 가장 예민한 돈을 통제할 수 있는 튼튼한 가치관만이 재이혼의 위험성을 줄일 수 있을 것이다. 그 가치관이란 가정을 어떤 희생을 치러도 지켜야 할 소중한 것이라 여기고 부부의 인연을 믿는 것 아니겠는가. 이런 가치관이 굳건히 세워져 있지 않다면 재정문제 역시 사회적 관계 맺음 형식에 따르는 것이 훨씬 나을 것이다. 그 형식이란 각자 독립적으로 재정관리를 하는 것을 의미한다. 정나미 떨어지는 소리로 들릴지 모르지만 어쩔 수 없는 현실적인 문제라 어물쩍 피하지 말고 정면으로 협의를 해야 한다.

양가 집안 문제

혼인은 성숙한 두 인격체의 만남이다. 경제적 · 주체적으로 일가를 이루는 것이다. 그런데 한국 정서라는 것이 독립체 구성으로 존중하지 않고 강도의 차이는 있겠으나 양가 집안의 개입이 비일비재하다. 그로 인해 고부姑婦나 장서丈婿 갈등이 일어나는 것이 일반적 현상이다. 심지어는 양쪽 집안이 너무 개입해서 이혼했다는 일도 빈번하다.

이혼의 근본 사유가 양가 집안의 간섭 때문은 아닐 것이다. 부부 사이에 무언가 문제가 발생했는데 이 문제를 당사자들이 해소하려고 노력하지 않은 채 양가 집안에 흘러들어가 문제가 커졌을 것이다. 결혼은 성숙한 인격체의 만남인데 두 인격체의 문제에 양가 집안이 개입하였다면 이는 결과적으로 성숙한 인격체가 아니라는 뜻이다. 그리고 여전히 집안에 정신적이든 물질적이든 의존을 벗어나지 못한 마마보이 마마걸에 지나지 않다는 이야기다.

이런 마마형은 재혼에 있어서도 문제가 된다. 남성들의 경우 처갓집과의 관계 악화로 이혼을 한 경우 대부분 입을 다물고 있지만 그 내면에는 처갓집에 대한 적대감을 느낄 수 있었다. 또 어떤 여성을 만나더라도 처갓집에 대한 알레르기를 심하게 갖고 있다. 그래서 여자만 취하려 하지 여자의 집안에 대해서는 무관심한 경우가 많다. 또 어떤 여성들은 재혼에 있어서도 여전히 집안의 입김에 좌지우지 된다. 초혼도 아닌 재혼에서까지 본인의 판단과 의지로 선택하지 않고 집안의 판단에 의탁한다면 백이면 백 반대에 부딪힐 것이다. 왜냐면 이혼한 남자를 볼 때 이혼 귀책사유가 어떠하든 요리조리 따져보지 않을 수 없기 때문이다. 그러다 보면 자신의 딸이 또다시 실패하지 않을까 염려되어 재혼을 반대하는 경우가 벌어지기 쉽다. 남 문제에 대해서는 객관적으로 바라보더라도 자신의 자녀 문제에 있어서는 객관성이 떨어질 수밖에 없는 것이 부모의 마음이 아니겠는가. 반대의 경우도 마찬가지다.

따라서 적어도 재혼에 있어서만큼은 양쪽 집안의 판단이나 개입을 차단하는 것이 옳다고 본다. 그것은 본인의 확고한 의지와 판단, 그리고 정치력에 의해서 가능한 것이다. 만약 재혼을 하려고 남녀가 교제를 하는 동안 양쪽 집안의 개입이 있다면 이는 서로 논의를 통해서 적절히 조절해야지 통제가 안 된다면 독립된 인격체가 아니라고 본다. 적어도 재혼에 있어서는 말이다.

그리고 초혼처럼 가족의 의무를 재혼 상대에게 당연히 짊어지게 해서도 안 된다. 필자가 재혼 결혼식에 참석한 한 커플의 경우 몇 개월 재혼생활을 유지하지 못하고 이혼을 한 경우가 있었는데 교제 기간에는 신경이 안 쓰였던 시어머니가 재혼한 아들 집에 쉼 없이 들락날락거렸던 것이 원인이었다. 아들 입장에서는 전 배우자가 시어머니 모시는 것을 소홀히 했기 때문에 새사람이 잘해줄 것이라 은근히 기대했고 시어머니 또한 이번에는 정실한 여자가 들어 왔겠거니 했을 것이다. 하지만 이것은 재혼이다. 혈연으로 맺어진 관계가 아닌 사회 협력적 관계인 재혼이다. 이런 재혼을 조선시대에 개가하는 것처럼 여기고 희생을 요구한다면 무리가 있는 것이다.

재혼에서 양가 집안과 교류를 하는 것은 양해와 이해를 구해야 하는 문제지 당연시되는 것이 아니다. 그것은 초혼에 해당되는 말이다. 물론 남녀 모두 자녀가 없이 한 재혼이거나 추가 자녀 생산을 통해 혈연으로 엮이는 경우도 있지만 그렇지 않다면 상호 협력적 · 사회적 관계 맺음이라는 개념을 부정하지 말아야 한다. 이런 개념이 무시되고 초혼처럼 여긴다면 여전히 양가 집안의 개입 문제에서 자유로울 수 없을 것이다. 그렇다고 집안을 아예 무시하라는 말은 아니다. 적어도 기본적인 생활과 경제적 부분에 있어 양가 집안이 개입할 수 있는 여건을 만들어서는 안 된다는 것이다. 초혼을 해본 재혼 당사자들인 만큼 그 정도의 정치력은 발휘할 수 있어야만 하고, 많던 적던 경제적으로도 자체 해결을 할 수 있어야 재혼생활을 잘 유지할 수 있다.

자녀 문제

재이혼율이 높은 이유에는 교제 기간에는 완전히 드러나지 않았던 가치관과 돈 문제가 크겠지만 자녀 문제도 크다. 자녀 문제에 대해 사전에 현실적 인식이 결여된 새아빠, 새엄마는 재혼 당사자뿐만 아니라 양쪽 자녀들에게도 큰 상처를 줄 수 있다. 실제 재이혼의 경우 상당수가 자녀 갈등 때문에 일어나는 것을 확인할 수 있다. 재혼 남녀가 이룬 사랑의 신화가 서로의 자녀들에게도 즉시 전이될 것이라고 믿는 희망이 비현실적이었다는 것을 깨닫게 되는 것이다. 내 자식에게 새엄마 새아빠로서 역할을 해줄 수 있을 것이라는 기대가 재혼 사랑의 고리를 연결하기도 했겠지만 말이다. 이런 기대 때문에 재혼남녀의 틈새는 급격하게 벌어지기 시작한다.

자녀 양육 부담을 분담해줄 것이라는 기대감은 현실적으로 거의 불가능하다. 현실적인 것 같으면서도 비현실적인 자녀 양육 분담은 재혼 생활 초기부터 심한 혼란과 좌절감을 안겨주는데 이런 어려움을 이겨내지 못하고 파경을 선택하는 경우가 많다. 어찌어찌 유지한다 해도 이른바 팥쥐 엄마와 나쁜 계부를 만들어내기 쉽다.

생물학적으로 뿌리와 배경을 달리하는 이질적인 새아빠, 새엄마가 친부모처럼 양육해줄 수는 절대 없는 일이다. 이를 지나치게 의식하고 새 배우자를 배려한다고 하는 것이 두 가정의 자녀를 동시에 잃을 수도 있는 위험에 노출시킨다.

초등학생 아들이 있는 B씨는 역시 초등학생 딸 둘이 있는 여자와 재혼을 하였다. 그동안 엄마는 없었지만 아빠의 사랑을 독차지하고 있던 아들은 갑자기 바뀐 환경에 자신의 사랑을 빼앗겼다고 생각했는지 반항을 하기 시작했고 새엄마를 힘들게 만들었다. 퇴근 후 집에 들어온 B씨는 표정이 어두운 아내의 이야기를 듣고 자신의 아들을 때렸다. 며칠 지나 가만 생각해 본 B씨는 아들을 위해서 재혼을 했는데 오히려 아들에게 좋지 않다는 생각이 슬슬 드는 것이다. 그 뒤로는 아들 때문에 짜증을 내는 아내에게 화를 내기 시작했고 급기야 갈라서는 길을 선택하기로 하였다.

어느 한 쪽이 자녀가 없는 경우라도 마찬가지다. 어느 사별녀 A씨는 아빠 없는 아들을 키우는 것이 너무나 서러워 자녀가 없는 장손 이혼남과 재혼을 하였다. 그것도 재혼 후 자녀 출산을 하지 않겠다는 조건을 남자에게 얻고서 말이다. 그 대신에 시댁 제사를 가져오겠다고 했다. 한국사회치고는 대단한 일이었다. 대를 이어야 할 종손이 자신의 자손을 포기하고 새 아들을 맞아들였으며 여자는 부담스러운 시댁의 제사를 받은 것이라 지인들은 박수로 이들을 축하하고 격려했다. 재혼의 모범적인 사례로 입에 오르내렸으며 간혹 모꼬지에 초청되어 재혼의 표상이 되기도 하였다. 그러던 이 부부가 헤어졌다. 남자는 자신의 자손을 보기 위해 삼수생이 되었고 여자는 지인들과 완전히 연락을 끊어 버렸다. 이들이 파경에 이르기 전에 간간이 들려왔던 것은 역시 아들 문제였다. 구체적인 사정이야 모르겠지만 대충 추론해 보면 어떤 어지러운 그림이 그려졌을지 상상할 수 있을 것이다.

한국사회에서 여성이 결혼과 동시에 자녀를 갖는 것은 여자가 남자의 집안 내에서 지위를 보장받는 중요한 수단이라는 걸 부정할 수 없는 일이다. 그런데 추가 자녀 생산 없이 자기 아들의 아빠 역할을 해줄 남자를 찾아 재혼하고 그 대신 제사를 받는다는 것이 참으로 비현실적 결과를 가져온 것이다. 이렇게 자녀 문제에 있어서는 현실적인 바람이 가장 비현실적으로 나타나기도 한다.

재혼에 있어 자녀 문제는 한국의 재혼에서만 나타나는 것이 아니고 미국에서도 마찬가지다. 미국이라는 사회가 재혼가정에 개방적이고 우호적일 것이라고 생각하기 쉽지만 사람 사는 곳은 어디나 마찬가지라 계부모와 계자녀의 갈등이 발생한다. 그래서 초혼과 전혀 다른 복합가정 구성체 문제를 현실적인 측면에서 갈등을 예상하고 차근차근 풀어가고자 하는 연구가 필요하다. 그것이 바로 스텝 패밀리이다.

재혼가정의 다양한 형태, 스텝 패밀리

스텝 패밀리는 에밀리Emily와 존 비셔John Visher라는 재혼부부가 자녀 문제의 연구를 위해 지원기관 SAA(Stepfamily Association)을 설립해서 연구한 것이다. 스텝 패밀리란 적어도 어느 한 쪽이 과거의 결혼생활에서 얻은 자녀를 데리고 와 맺어진 재혼부부가정을 말한다. 스텝 패밀리는 핏줄이 다른 자녀와의 의붓관계(step relationship)를 바탕으로 연계가족(linkde family) 또는 혼합가족(blended family)에서 발생할 수 있는 예측 가능한 문제를 해결하기 위한 것이다.

재혼가정은 크게 아홉 가지 유형으로 나누어진다.

① 무자녀 재혼가족 : 둘 다 자녀 없음. 초혼가족과 유사하며 계부모 가족에서 제외 됨.

② 비동거 계부가족 : 재혼한 여성이 아이가 있으나 함께 살지 않음.

③ 비동거 계모가족 : 재혼한 남성이 아이가 있으나 함께 살지 않음.

④ 동거 계부가족 : 재혼한 여성이 아이가 있고 함께 살고 있음.

⑤ 동거 계모가족 : 재혼한 남성이 아이가 있고 함께 살고 있음.

⑥ 비동거 계부모가족: 부부 둘 다 재혼 이전에 아이가 있고 다 함께 살지만 여성이 친자에게 양육권이 없어 언제든 친부가 데리고 갈 수 있음.

⑦ 동거 계부모 가족 : 부부 둘 다 재혼 이전에 아이가 있고 다 함께 살고 있음.

⑧ 혼합 계부형 계부모 가족: 부부 둘 다 재혼 이전에 아이가 있으나, 여성의 아이하고만 함께 살고 있음.

⑨ 혼합 계모형 계부모 가족 : 부두 둘 다 재혼 이전에 아이가 있으나, 남성의 아이하고만 함께 살고 있음.

위 유형에서 보면 첫 번째 쌍방 무자녀 재혼가족형은 남녀가 어느 한 쪽이든 초혼 경력이 있으나 자녀는 없다. 따라서 이런 유형은 초혼처럼 시작하면 될 것이다. 그러나 나머지 유형은 자녀 문제에 있어서 갈등을 비켜갈 수 없는 것이다. 그래서 홀몸들이 자녀 조건을 따질 때 차선으로 손꼽는 것이 바로 두 번째 세 번째 형인 비동거형이다. 쉽게 이런 것이다. 가끔 여성 프로필을 보면 자신은 자녀를 양육하고 있지 않으니 상대도 같은 조건을 원한다는 식으로 쓴다.

아주 단순한 희망사항이다. 설혹 전 배우자가 자녀를 양육하고 있어서 자녀와 함께 살지 않는 남자를 만났다 하더라도 자녀 문제에서 벗어나는 것은 아닌 것이다. 남녀 어느 한 쪽이 자녀를 현재 양육하고 있지 않다고 해도 헤어진 아빠나 엄마와 인연이 끊어지는 것은 아니라는 말이다. 설혹 만난 지 오래되었고 어디에 사는지 모른다 하여도 언제인가는 핏줄 상봉이 이루어진다. 한국인처럼 핏줄이 질기고 강한 민족이 어디 있겠는가.

그다음 유형으로 남녀 둘 중 어느 한 쪽이 자녀를 데리고 재혼을 하는 동거 계부 계모 형태다. 어감이 안 좋으니 스텝맘 스텝데디라고 하자. 이런 형태는 상대방이 내 자녀의 아빠 엄마 역할을 해줄 거라고 기대하는 경우가 있는데 생물적으로 근원이 다르고 낯선 아이들에게 스텝맘 스텝데디를 원하면 자녀에게나 당사자에게나 힘들어진다. 아이에게 변화는 천천히 아주 천천히 찾아오는 것이 좋은 것이다.

가장 문제가 되는 유형은 혼합 스텝맘 스텝데디 재혼가족이다. 남자와 여자 둘 다 자녀를 양육하고 있는 상태에서 결합하는 형태인데 우리나라 재혼 유형에서는 이 혼합가족 형태가 가장 많다. 가장 피하는 유형이면서도 가장 많은 재혼의 형태로 나타나는 이유에 대해서는 분석을 해봐야 한다.

앞선 장에서도 언급을 했듯이 한국남자들의 이중의식 때문에 그러할 것인데 여자가 자녀를 양육하고 있지 않으면 문제가 있는 여자라는 편견을 가지기도 한다. 남자는 전 배우자가 아이를 양육하고 있더라도 그다지 색안경을 끼고 보지 않는데 반해, 자녀를 양육하고 있지 않은 여자에 대해서는 색안경을 끼고 본다. 그러면서 한편으로는 자신은 자녀를 양육하면서 여자는 자녀를 양육하고 있지 않은 여자를 원하는 남성들이 있다. 그건 순전히 보모를 구하고자 하는 순도 높은 이기주의에 지나지 않는다.

여성이 자녀를 양육하고 있지 않더라도 남자들의 이런 자기중심적 시각을 간파하면 쉽게 그런 남자와 재혼을 하지 않는다. 여성들은 홀몸 경력을 쌓아 가면서 생각의 변천사를 겪는데 처음에는 아이 없는 남자를 원하다가 그것이 여의치 않자 나중에는 나도 아이가 있으니 남성도 아이가 있는 것을 마다하지 않게 되는 식으로 바뀐다. 남성도 마찬가지로 나중에는 여성에게 딸 한 명 정도는 수용할 수 있다고 했다가 더 나중에는 자신이 다 책임질 것도 아니고 여자가 자기 자식은 책임진다고 하니까 하면서 아들 하나 딸 하나 정도까지 수용하는 선으로 후퇴한다. 이렇게까지 양보(?)하는 마음이 생기려면 오랜 세월을 필요로 하고 그동안 자녀들은 부모의 손이 안 가도 될 만큼 커 버린 상태다. 물론 당사자 남녀는 이것저것 따지다 좋은 시절 다 보낼 것이다.

이런 한국사회 재혼시장 의식의 흐름 때문인지 양쪽에 다 자녀가 있는 혼합가족 재혼형태가 다수의 경우를 차지하게 되는 것이다. 따라서 한국사회 재혼가족의 문제는 혼합가족 형태로 접근해 보는 것이 타당할 것이다. 이렇게 혼합재혼가족 형태로 본다면 이제는 거주 공간에 대한 문제가 불거진다.

거주 공간 내에서 문제

미국처럼 땅덩어리 넓고 집 평수가 커도 재혼가정의 거주 공간은 문제로 부딪치는데 하물며 나라도 작고 인구밀도도 높은 이 땅에서 거주 공간 문제는 가장 먼저 넘어야 할 과제다. 인구의 절반이 아파트에 산다는 한국 사람들 대개가 서른 평 이쪽저쪽에서 산다. 방 세 개가 통상적 형태며 방 네 개짜리 아파트에 사는 사람은 좀 사는 축에 든다. 설사 방 네 개짜리 아파트에 산다고 치자. 남녀 한쪽에 자녀가 한 명씩만 있다면 모르겠으나 불행히도 두 명의 자녀를 양육하고 있는 한쪽이 있다면 좀 사는 축에 들어도 방을 할당하는 문제에 있어 골치가 아파진다. 부부 침실에 아이를 껴안고 잘 수도 없는 노릇이고, 양쪽 자녀가 성이 다르면 더욱 공간 할당에 신경이 쓰인다. 이 문제를 해결하려면 오로지 복합가정을 수용할 수 있는 더 큰 집밖에 없다.

거주 공간 문제는 자녀들에게 직결된다. 남성의 집에 여성이 들어오는 경우든 반대의 경우이든 복합가정 자녀들 사이에는 경계선 의식이 생겨난다. 자녀들 사이에 문을 걸어 잠근다든지 내 물건에 손대지 말라는 날카로운 신호를 보낸다. 재혼을 결정한 두 사람은 핑크빛 구름 위에 올라타 있는 기분일지 모르겠지만 아이들은 불안과 불만의 파도를 타고 있는 것이다. 헤어진 엄마 아빠를 다시 만날 수 있을지, 엄마 또는 아빠가 재혼을 했으니 이제 나만의 엄마 아빠라고 할 수 없겠지, 헤어진 엄마 아빠와 다시 같이 살 수 있는 기회는 없어지는구나, 우리 집 강아지가 저 집 고양이 때문에 밥을 제대로 먹을 수 있을까, 이런 복잡한 생각이 아이들에게 생겨나는 것이다. 설사 아이들을 위해 재혼을 했다고 해도 아이들의 불안은 쉽게 읽어내기 힘든 것이다.

이렇게 아이들의 불안을 덜게 해주려면 홀몸 남녀가 재혼을 결심했다 해도 즉발적 결합은 피해야 한다. 그리고 상대방 자녀를 훈육하겠다는 생각도 버리고 일정 기간 친밀감과 유대감이 형성될 때까지 거리를 유지해야 한다. 혼합가족에서 쉽게 노출되는 문제가 자녀 양육방식인데 각기 다른 방식의 규칙이 이미 세워져 있는 상태에서 이것을 어느 일방이 무시하고 일방적으로 훈육을 하려고 하면 저항이 생긴다. 저항은 자녀에게만 생기는 것이 아니고 새 배우자에게도 생긴다. 자신의 아이가 훈육을 받으면 마친 자신이 훈육을 받는 기분이 들기 때문이다. 그렇기 때문에 새 배우자 서로가 이심전심이 될 정도로 이해가 녹아 들어갈 때까지 시간이 필요하겠지만 자녀들 문제는 더욱 많은 거리두기 시간을 필요로 하다는 것이다.

전 배우자의 자녀 면접권 문제

재혼한 사람들을 만나 이런저런 이야기를 하다 보면 이런 말을 들을 수 있었다. 상대방 자녀가 자신 몰래 친부 친모와 연락을 취하고 비밀리에 만난다는 것이다. 그걸 안 자신은 뭔가 하는 생각이 들더라는 것이다. 남성이나 여성이나 엇비슷한 감정이 드는데 내가 밥 차려주고 방 청소해주며 돌봐도 자기 친엄마 찾는데 내가 더 이상 무엇을, 내가 용돈 주고 학교 보내주고 그래 봤자 자기 친아버지 찾는데 내가 무슨 짓이야 하는 감정이 든다고 한다.

상대방이 감정이 이상해지지 않도록 전 배우자와 일절 연락을 끊는 것은 본인 판단이지 아이들은 그렇지 않다. 우리네 말로 천륜이라고 표현하는데 이 천륜을 굳이 막을 필요는 없는 것이다. 그럼에도 불구하고 자녀가 친부 친모와 만나는 것을 허락하지 않는 사람들도 있다. 천륜을 맘대로 차단하려는 것이고 자신과 아이를 분리시켜 생각할 줄 모르는 것이다.

천륜을 인위적으로 차단한다고 해도 아이들에게는 친부모가 엄연히 있다. 비록 함께 살지는 않아도 말이다. 이를 막아서는 안 될 것이다. 더구나 생모 생부와 함께했던 기억이 있는 아이들은 더욱 그렇다. 아이들에게는 편부모가 재혼을 하여 하나의 가정을 꾸렸다 하더라도 친부모는 필요하다. 재혼 당사자들에게는 내키지 않는 일이겠지만 아이들이 친부모와 만나는 것이 정서에 유용한지 해로운지는 아이들이 판단할 일이지 재혼 남녀의 몫이 아닌 것이다. 남녀가 재혼을 해서 하나의 가정을 꾸렸다 하더라도 아이들은 가정과 가족의 개념이 서 있지 않고 중첩된 가족의 이미지만 갖는 것이니 상대방 자녀가 또 자신의 자녀가 생부 생모를 만나는 것에 대해 생각을 따로 해야 할 것이다. 이런 생각이 새 가정을 흔드는 것이 아니라 오히려 순조롭게 정착해 가는 것에 도움이 될 수도 있을 것이다.

재혼의 형성과 흐름

수년 동안 재혼시장에서 일어나는 현상과 결과들을 취재하면서 안타깝게 여겨졌던 것은 재혼 후 일어나는 현상들에 대해 많이 공개되어 있지 않다는 것이다. 결혼정보회사에서도 재혼 성사 그 자체만 관심을 갖고 있지 재혼 후 안착 문제에 대해서까지는 책임을 질 필요가 없는 터라 홀몸인 사람들은 그저 막연하게 재혼을 생각하기 쉽다. 또 한국사회가 재혼부부에 대해 그렇게 호의적이지 않아 '나는 재혼생활을 이렇게 하고 있습니다' 하고 공개하는 사람이 드문 탓도 있다. 또 재혼부부들 말을 들어 보면 언제 자신들이 홀몸인 적이 있었는지 새까맣게 잊어버리게 된다는 것이다. 재혼과 함께 자신이 발을 딛고 있었던 재혼시장은 또다시 딴 나라 세계가 된다는 것이다.

이렇게 재혼부부들 경험 노하우가 홀몸들에게 전달되는 통로가 없다 보니 아직 재혼에 이르지 못한 홀몸들은 여전히 재혼의 환상과 불안의 양극에 방치되어 있다. 물론 거기에는 본인들의 비현실적인 심리와 더불어 결혼정보회사들의 무자비한 광고에 의한 환상도 무시 못할 것이다. 그런데 환상적 신화는 자꾸 접하고 현실적으로 충족시켜 줄 대상은 없으니 그 사이에서 갈팡질팡하기 쉽다.

현실적 조건에 대한 기대가 신화를 꿈꾸는 정도가 되기 전에, 이 기대가 재혼자들에게 심한 혼란과 좌절감을 안겨 재이혼 벼랑 끝에 서게 하기 전에, 재혼에 대한 신화는 현실적으로 조절되어야 한다. 이렇게 조절되려면 무엇보다 재혼부부들의 경험담이 상당한 효력을 발휘할 것인데 이 통로가 사회적으로 형성되어 있지 않다. 그만큼 이 사회가 아직도 이혼이나 재혼에 대해 미개하다 할 만큼 열려있지 않기 때문이다.

어찌 되었든 재혼 신화 기대심리와 그 신화가 이루어질까 하는 불안 심리가 공존하면서 사람을 만나게 되고 재혼을 해 정착해 가는 과정을 밟을 것이다. 그 과정을 단계별로 나누어 살펴보면 이렇다. 먼저 재혼 과정을 네 단계로 구분해 살펴볼 수 있다.

하나, 재혼 결심 단계

이때는 재혼에 대한 마음의 준비도 되어 있지 않고 환상과 더불어 불안이 동시에 공존한다. 사회나 가족 또는 자녀 앞에서 재혼에 대해 정면으로 부딪칠 마음도 아직 서 있지 않다. 그냥 혼자 살아라 라고 말하는 친정 엄마에게 '나 재혼할라우'라고 할 자신이 없는 것이다. 주변과 사회에 대한 자기주장이 확고하게 서 있지 않은 단계라고 할 수 있다.

둘, 재혼 준비 단계

어디서 살 것인지, 재혼과 동시에 하던 일을 접어야 하는가 따위의 고민거리가 생긴다. 또한 새 배우자와 잘 살 수 있을지 확신이 확고하지 않아 자기 불안을 떨쳐 버릴 수 없다. 자신보다는 상대방에 대해 확신을 하지 못하는 것이다. 여기에 자녀 양육이나 재혼해서 적응이 잘 될까 하는 걱정이 남녀 사이에 여전히 잔존하고 있다.

셋, 재혼 초기 단계

역시 경제적인 문제가 가장 크다. 혼합가정일 경우 생활비가 더 많이 필요로 할 것인데 충당과 지출에 관한 경계선 조절에 있어 어려움이 많다. 표현은 안 하지만 네 돈 내 돈 따지게 된다. 대외적으로는 동네 사람들이 재혼부부라는 것을 알까 봐 두렵기도 하다. 각각의 자녀들은 아직 유대감이나 친밀도가 형성되어 있지 않다. 여성이 데려온 자녀는 성이 문제가 되는데 학교에 써내야 할 종이에 생부 이름을 써야 하는지 새 아버지 이름을 써야 하는지 아이는 깊고 깊은 고민 중이다.

넷, 재혼 중기 단계

자녀들이 자꾸 성장하니 교육 문제 때문에 힘들어진다. 여전히 새로운 처가 및 시댁 식구들과는 먼 거리다. 추석 때 시댁과 처가에 가도 데면데면하다. 정서의 유착이 제대로 되지 않아 회의를 느끼게 되며 여전히 정체성이 불안하다.

이렇게 단계를 구분해 보았는데 이를 미국의 페이퍼노우(P.Paernow. 1993)라는 학자가 자녀 문제를 좀 더 세밀하게 학술적으로 구분을 해 놓은 것이 있어 덧붙여 소개한다. 새로운 자녀들과 갈등을 빚고 있는 재혼가정은 많은 도움이 될 것이다.

	단계	특 성	중점대상
1	환상 (Fantasy)	어른들은 즉각적인 사랑과 적응을 기대. 아이들은 그 기대를 무시하고 생물학적 부모에게 결합.	1. 부부 2. 재혼가구
2	유사동화 (Pseudo assimilation)	환상을 깨달으려는 노력. 생물학적 계보를 따라 구분. 계부모들은 무언가 잘못되어 가고 있다고 느낌.	1.부부 (개인적으로 또는 함께) 2.아이들 (혼란스러워할 때)
3	경계 (Awareness)	계부모들은 무엇이 변해야 할 필요가 있는지 깨닫기 시작. 부모는 새로운 배우자와 자식 사이에서 갈등. 생물학적 라인을 따라 니눠진 그룹. 아이들은 부부 사이의 차이를 관찰.	1.부부 (개인적으로 또는 함께) 2.아이들 (혼란스러워할 때) 3.긴급한 도움이 필요한 아이들
4	가동 (Mobilization)	부부 사이에 토론을 이끄는 강한 감정들이 표현되기 시작. 계부모들은 변화에 대한 명확한 필요성을 가짐. 부모는 변화가 가져올 손실에 대한 공포를 느낌. 생물학적 그룹 사이의 분리. 아이가 없는 계부모는 가족 안에서 고립	1.부부 (개인적으로 또는 함께) 2.아이들 (혼란스러워할 때) 3.긴급한 도움이 필요한 아이들
5	행동 (Action)	문제를 해결하기 위해 부부가 함께 노력하기 시작. 가족 구조의 변화. 변화에 대한 아이들의 저항.	1. 부부들 2. 아이들
6	접촉 (Contact)	부부가 잘 협동. 계부모-자녀 관련 다른 관계들 사이에 보다 친밀한 유대 형성. 계자녀에 대해서 명확한 역할을 갖게 됨. 명확한 한계를 형성.	1.모든 가족원
7	해소 (Resolution)	재혼가족 안정감 형성. 문제 발생 시 앞의 단계로 이동.	1.모든 가족원

페이퍼노우가 정리한 재혼가족의 발달 단계 문제점들을 거치지 않고 처음부터 끝까지 행복한 부부가 어디 있을까? 또 최종 지점까지 이른 부부가 과연 몇 프로가 될까? 한국의 재혼부부 열 쌍 중 한두 쌍을 뺀 나머지는 각 단계마다 발생하는 갈등을 극복하지 못하고 다시 재이혼을 한다. 그것도 몇 단계를 넘고 나서가 아니고 2단계와 3단계를 넘지 못하는 것이다. 이것이 우리나라 재혼의 냉혹한 현실이다. 이 불편한 진실에 대해 귀를 막고 눈을 가려서는 안 될 일이다.

과도하게 비현실적 기대를 가지고 재혼을 했다가 그 환상이 허상이었음을 알아차리는 순간, 극복을 위한 노력보다는 재이혼을 손쉽게 택하는 이유에 대해서 정말 냉철하게 생각해 봐야 한다. 재혼부부가 안정기를 갖는 7단계에 이르려면 최소 5~6년은 지나야 한다고 하는데 재혼 1~2년 안에 다시금 홀몸의 길을 걷게 된다는 것은 그 시작부터가 뭔가 대단히 잘못되어 있지 않았겠는가. 지나친 환상 또는 지나친 계산을 갖고 두 사람 다 뭔가 기대하는 것이 있었다는 것이고 그 기대는 애초부터 잘못된 기대가 아니었겠는가.

법륜 스님이 지으신 《스님의 주례사》 책에 보면 '덕 보려고 결혼하지 말라'는 말이 있다. 배우자 잘 만나 팔자 고쳐 보려고 하는 것은 거래이고 그건 행복을 가져다주지 못한다는 것이다. 초혼이 그러할 것인데 재혼은 더욱더 덕을 보려는 거래에 치중한다. 외로움 해소, 생활적 어려움 해소, 자녀 양육에 대한 기대심리, 경제적 우산 등 모든 것에 대해 최소한의 내 희생을 투자하고 상대에게선 최대한 만족을 얻으려 한다면 그것은 바로 자본의 잉여논리나 다름없는 것이다. 그리고 이런 사람의 이기적 속성을 조절시켜 주기는커녕 재혼만 하면 홀몸의 어려움이 한꺼번에 사라질 것처럼 환상을 심어주는 결혼정보회사 광고를 매일 접하며 산다.

재혼에서 기대해야 하는 것은 부부가 함께 손을 잡고 고운 길 험한 길을 걸어가겠다는 동반자 의식이어야지 지금 내 불안한 처지를 개선하는 수단으로 여겨서는 각 단계별 어려움을 결코 극복하지 못할 것이다. 기대하면 불안, 분노, 갈등, 외로움이 더 생기고 문제가 발생하니 아예 뭔가 기대하는 것이 없을 때 결혼을 하라고 동서양 현인들이 똑같이 충고한다. 세계의 지성 버트런드 러셀도 행복을 기대하지 않는 결혼만이 행복할 수 있다고 하고 법륜스님도 기대하는 것이 없을 때 결혼하는 것이 업을 쌓지 않는다고 한다.

지성인과 수도생활 하는 스님의 말씀이다. 이런 말씀대로 세상 사람들이 살 수 있고 재혼을 할 수 있다면 오죽이나 좋겠는가. 그런데 그렇게 사는 사람이 흔치 않으니 그게 문제가 아니겠는가.

그렇다고 재혼에 대해 비관적이고 회의적으로 생각하자는 것이 결코 아니다. 비현실적 기대 심리나 막연한 생각으로 문제가 생겼을 때 완충할 수 있는 여력 없이 덤벼들지는 말자는 것이다. 다시 말해 재이혼 아픔을 줄여 보자는 것이고 그러기 위해서는 내진 설계를 튼튼하게 하자는 것이다.

행복하자고 재혼하자는 것이다. 그런데 미처 자신이 생각하지 못한 것들이 암초가 되어서 재혼행진이 무참히 깨져 다시금 찬바람 맞아야 되겠느냐 말이다. 그렇게 된다면 인생이 너무 억울하지 않겠는가.

억울하지 않으려면 생각해 보자. 현실을 고려한 대안적 방식은 뭐가 있는지 생각하자는 것이다. 아무리 생각하고 짚어 낸다고 해도 사람 사는 일이 그렇듯 재혼생활 역시 무수히 많은 변수들이 생길 것이다. 그래도 재혼생활에 있어 어떤 문제들이 나타날 수 있는지 흐름을 짚고 있다면 대처할 수 있는 마음의 여력을 미리 확보할 수 있을 것이다. 예상하고 부딪치는 것과 예상하지 못하고 부딪치는 것과는 다르지 않겠는가.

새로운 가족의 대안, 세컨드 패밀리

홀몸이 되어 지독한 외로움을 맛봤다. 그래서 이번에는 정말 좋은 사람을 만나서 함께 살고 싶은데 재혼 특성상 여러 가지 문제점들이 장애물처럼 놓여 있다. 모처럼 좋은 사람을 만나 재혼을 하려 하지만 조건이 문제가 되어 선뜻 이야기를 꺼내지 못하겠다.

재혼시장에서 만나게 되는 홀몸들 중 이런 고민을 하는 사람은 특별한 경우가 아니다. 어느 누구를 막론하고 재혼을 해도 좋을 만한 사람을 만났을 때 생기는 고민이다. 그렇다고 헤어지기는 싫어 재혼에 대해 구체적으로 말을 꺼내지 못하고 미적거리며 시간을 보낸다. 언어로 표현되지 않았을 뿐 연애만 하는 것이 암암리에 진행되고 있는 것이다. 조건이 성숙되길 기다린다고 하겠지만 이런 관계는 반드시 종지부를 찍게 되어 있다. 헤어지는 것으로 말이다. 만나는 시간도 한계가 있고 조금이라도 실망을 하게 되면 언제든지 '사랑하기 때문에 안녕'이라는 카드가 있으니 말이다. 그래놓고 나중에는 회한의 독백들을 드러내게 된다. 그때 그 사람에게 좀 더 잘해주고 기다려 볼 것을 하고 말이다. 이런 회한이 깊게 내쉬는 한숨에 섞여 나올 때는 현재 혼자 사는 것이 몸이든 마음이든 힘들어진 상태거나 아니면 다른 사람을 만나 봤지만 역시 재혼이 힘들다는 생각이 들기 때문이다. 사람은 소중한 것이다. 소중한 사람과 만났다는 것은 귀중한 인연인 것이다. 그 인연이 결실을 맺지 못하고 헤어진다는 것은 참으로 안타까운 일이다. 그리고 좀더 나은 조건과 준비된 사람을 찾아보려 해도 부족한 부분이 반드시 드러나게 되어 있다.

준비된 재혼은 없다. 홀몸 남녀가 서로 좋아 재혼하고 싶은데 크게 걸리는 두 가지 문제 중 하나인 경제적인 문제에 안정적 시기란 없는 것 같다. 타이거 우즈 같은 재벌은 빼놓고 말이다. 형편이 안 좋을 때라도 사람들은 결혼을 한다. 남자나 여자나 경제적인 문제로 미룬다면 부족한 것은 은행 잔고가 아니라 두 사람의 믿음과 의지일 뿐이다. 다음으로 자녀 문제에 있어 손 갈 일이 없을 정도로 자녀들이 성장한 후에 하겠다고 하는 것도 역시 마찬가지다.

그렇다면 모험 없는 성공 없다고 무턱대고 사람만 만나면 이것저것 고려하지 않고 재혼을 감행하라는 말인가. 그렇게 재혼했는데 다시 헤어지게 되면 어떡하라는 말인가. 홀몸 조합의 대부분을 차지하는 복합가정 문제점들이 각 시기별로 닥쳐온다고 하고 그걸 넘을 자신도 없는데 말이다. 이럴 때 대안적 재혼형태를 생각해 보는 것이다. 문제를 알면 해결 방법도 있는 것이고 최선이 아니면 차선도 있는 것이니 말이다. 필자는 이 차선의 형태를 통칭하여 세컨드 패밀리(second family)라고 부른다. 세컨드 패밀리는 기본적으로 인정할 것은 인정하자는 것이며 문제를 사전에 인식하여 사고를 전환해 합의를 명확히 하자는 것이다. 재혼을 혈연으로 맺어진 고전적 관계가 아니라 사회적 관계로 맺어진 2차적 가정이라는 개념을 세우자는 것이다.

현실의 인정

먼저 인정하자는 것은 재혼이 분명히 초혼과 다르다는 것이다. 처녀 총각이 만나 처음부터 하나씩 쌓아가는 초혼은 자녀를 생산함으로써 혈연관계를 형성한다. 하지만 재혼가족은 혈연에 의한 관계가 아님을 인정해야 한다. 이것을 인정하지 않고 들어가니 문제에 접어들었을 때 풀지 못하고 다시 해체되는 것이다.

혈연에 의한 관계는 좋든 싫든 어쩔 수 없지만 재혼은 상호 행복하고자 맺어지는 관계이므로 희생을 강요해서는 안 되는 것이고 재혼과 동시에 즉각적으로 하나의 가정질서를 형성시키려 하면 무리가 따르게 된다. 재혼가족의 질서는 많은 변화를 겪은 후에 자연스럽게 형성되는 것이 바람직할 것이다. 그 변화란 구성원 간의 관계, 역할 기대, 자아정체성, 가족 정체성 등이 자연스럽게 여러 단계의 변화를 거쳐야 정립되는 것이다. 재혼가족의 성원은 서로 다른 가족의 역사를 갖고 시작하는데 어떻게 처음부터 하나의 질서가 형성되겠는가. 재혼을 하여 형식적 가정을 이루었다고 해도 구성원 간에 가족경계는 애매한데 말이다. 자녀들이 새아빠를 '엄마와 결혼한 남자' 새엄마를 '아빠와 결혼한 여자'

라고 묘사하는데 말이다. 이렇게 애매한 가족경계는 역할수행에 있어 혼돈을 가져오게 만드는데 그건 초혼의 형질로 대입하기 때문이다.

재혼가정은 초혼가족에서 해체된 편모/부 홀몸 복합가족이라는 것을 인정해야 한다. 이런 복합가족은 생물적 근간이 달리하므로 처음부터 유기적 유대관계를 형성할 수 없고 기계적 유대관계를 형성한다. 기계적 유대관계란 구성원이 구획으로 통합된 것을 말한다. 이 기계적 유대관계는 사랑으로 결합되었건 기대심리였건 남녀뿐만 아니라 자녀들까지 이익이 되는 공동 결합체가 되어야 한다. 기계적 유대관계를 인정하는 바탕 하에서 상호 이해와 친밀도를 형성해 나가면서 유기적 유대관계로 나아가야 한다. 유기적 유대관계란 구성원이 공동의 이익이 곧 나의 이익이라는 생각으로 자발적으로 협조하여 역할의 분화가 자연스럽게 이루어지고 통합이 되는 관계를 말한다. 이렇게 유기적 유대관계가 형성될 때까지는 많은 시간이 걸린다는 것도 인정해야 한다.

성급하게 남녀의 애정을 재혼가정에 투사하려는 오류에 빠지면 안 되고 내 질서를 적용하려 해서도 안 되는 것이다. 문화적 · 생물학적으로 다르고 생활정서와 자기질서도 다르고 다 다르기 때문이다.

필자가 아침가리란 강원도 인제군 현리면에 있는 깊은 계곡에서 본 가정의 이야기를 예를 들어 보겠다. 그곳은 아침에 산새 소리가 현란하게 지저귀는 매우 아름다운 곳이다. 그 태고의 모습을 바라보며 어느 머리 희끗한 남자가 앉아 있었고 그 남자를 등 뒤에서 고개를 묻고 껴

안고 있는 중년 여자가 있었으니 그 모습이 너무나 아름다워 그곳에서 민박집을 운영하고 있는 친구에게 그 남녀에 대해 물었다. 재혼부부라는 것이다. 당연히 관심이 갈 수밖에 없어 그들과 친해지면서 사는 이야기를 들어 보았다.

남자는 초등학교 선생님이시고 여자는 개인 사무실 직원이었다. 어찌 인연이 되어 재혼을 하였는데 남자에게 아들이 하나 있고 여자는 딸이 하나 있지만 이혼하면서 두고 나왔다. 여자가 재혼을 했다 해도 어찌 두고 온 딸이 보고 싶지 않겠는가. 하여 한 달에 한 번씩 딸을 만나러 여자가 간다는 것이다. 가는데 그냥 가는 것이 아니라 재혼한 남자가 얼마간 돈을 주면 그 돈 가지고 가서 딸이랑 피자도 사 먹고 전 남편과 아이 교육 문제도 의논하고 오며 이런 것들을 재혼한 남편이 돕는다는 것이다. 반대로 여자는 남자의 아들이 자신을 엄마라고 부를 때까지 아줌마라고 부르는 것에 거부감을 갖지 않는다는 것이다. 자신이 키운 아이하고 다르다는 것을 인정하고 한걸음 물러나 아이가 먼저 다가오기를 기다리는 것이다.

물론 친부/모의 지나친 개입이 재혼가정 속에 있는 자녀들에게 어느 쪽에 충성심을 가져야 하는가에 고민을 하게 만들어 문제를 야기시킬 수도 있을 것이다. 그러나 자녀의 마음속에 있는 두 개의 가정을 아예 없애버리려 하는 것도 문제가 되어 자녀에게 스트레스나 갈등을 일으키는 것도 생각해 봐야 한다. 조절을 해 나가되 인정할 것은 인정해야 한다.

또 성이 다른 계형제 자매가 생길 경우 이들이 서로 혈연으로 맺어진

형제가 아님을 인정해야 한다. 재혼남녀가 부부로 인연을 맺었다 하더라도 자녀들은 자신들의 의지로 형제관계를 맺은 것이 아니다. 서로가 사회적 관계를 확보했다는 측면에서만 인정해야 하고 상호 유대감이 형성되도록 기다려야 한다. 억지로 언니 동생 서열을 매겨봐야 저항감만 불러일으킬 뿐이다. 언니니까 양보해라 동생이니까 참아라 하는 것은 혈연으로 맺어진 형제에게나 통하는 말이다. 재혼남녀도 그렇지만 계형제 자매도 사회적으로 이익이 되기 위해 결합한 평등한 관계이어야 한다. 사회적으로 결합된 형제가 있음으로써 이익이 된다는 것을 깨달을 때까지 각 자녀들의 개성을 인정하고 질투와 불안을 지켜봐야 한다. 자녀들이 최대한 빨리 협조적 유대관계를 갖기 위해서는 재혼부부가 유대감을 그야말로 유감없이 표현해 내어야 하고 서로 소통과 조절하는 모습을 보여 주는 것이 효과적인 방법일 것이다. 또 자녀들에게는 사회적 필요에 의해 결합된 2차적 형제, 세컨드 브라더스(seond brothers and sisters)임을 처음부터 인식시켜 주는 것이 각 개성을 조절하는데 유용할 것이며 새로 생긴 가족 또한 나의 2차적 가족임을 인지시켜 줘야 한다. 집 밖에서 가족이 몇 명이냐고 물어왔을 때 직계가족과 세컨드 패밀리 두 가족을 함께 대답할 수 있도록 자녀를 훈련시키는 것도 필요하다.

재혼 후 여자 쪽 자녀가 성명을 쓰는 것에 대해서도 언급을 해야겠다. 이것은 한국 사회에서만 유독 문제되는 것이라 미국 연구기관에서도 아이들 고민에 대해 한줄 보고된 바가 없다. 국내에서도 마찬가지로 연구보고 된 바 없지만 아이들 입장에서는 심각하다.

아이들이 어릴수록 자신과 아버지의 성 다름에 대해 느끼는 고민은 심각하다. 학교에 써내야 하는 가정환경 조사서에 자신의 성과 다른 새 아빠 이름을 써내야 하는 것은 보통 고역이 아니다. 그래서 어떤 아이는 그냥 새아빠의 성을 따라 자신의 성명을 썼다가 호적과 다른 성을 발견한 선생님의 질문에 큰 상처를 받기도 한다. 아직 어려서 그렇지 이런 상처는 나중에 성장해서도 자기 정체성에 대한 트라우마로 남는다. 어른들이 생각하는 것 이상으로 아이들에게는 상처가 깊다.

예전에 공무원 여성이 공문서 위조죄로 구속된 적이 있었다. 그 여성은 어린 아들을 데리고 재혼을 하였는데 새아빠와 성이 달라 고민하던 중 아이의 성을 재혼한 남편의 성으로 바꿔버린 것이다. 심정은 이해할만했으나 법은 받아들이지 않았다. 이런 문제가 해결되려면 사회적으로 인식이 개방되어야 하는데 국내 현실은 그렇지 못하다. 따라서 재혼복합가족 부부에게 어린아이가 있다면 이 문제를 가장 먼저 거론해야 할 것이다. 아이에게 자신의 생부의 성을 그대로 쓰도록 하고 집에서 이름을 부를 때도 그대로 불러줘야 한다. 이것이 새아빠와 유대감을 형성하는데 지장을 준다면 별칭을 사용하는 것도 방법이다.

한 가족 두 지붕

복합가족으로서 재혼을 하기 위해 물리적으로 가장 큰 숙제가 바로 거주 공간 문제다. 남녀가 재혼을 하여 합치는 과정을 들여다보면 난리도 그런 난리가 아니다. 자녀가 없거나 적으면서 남자의 집이 큰 경우

대개 여자가 남자의 집에 들어가 살게 되지만 사정이 그렇지 못하면 겹치는 가재도구를 재활용 센터에 내다 팔고 양쪽 집을 빼서 좀 큰 전셋집으로 이사 가기 위해 날짜 맞추느라 근 일 년을 소비한다. 이런 경우는 그래도 경제적으로 나은 편이라 그럴 수 있다. 행여 한쪽이 부모님을 모시고 있는 경우라면 큰 집을 얻기도 어렵다. 남녀 양쪽에 자녀가 각각 있고 어느 한 쪽이 어른을 모시고 있다면 살림을 합치는 것은 아파트로 건설된 도회지에서는 불가능에 가까워진다.

이 거주 공간 문제가 남자들에게는 가장 큰 고민거리다. 막상 사람이 생겨 재혼을 하고 살림을 합치려 하면 대출받고 주변에서 빚내도 복합가족을 수용할 만한 공간을 얻기가 힘들다. 정히 안 되겠으면 여자가 자신의 집을 빼서 새 공간을 얻는데 보태기도 하는데 그래도 힘들다.

힘든 것은 공간 확보만 힘든 것이 아니다. 단독 가정을 형성하다 갑자기 합치게 됨으로써 발생하는 여러 가지 제반 문제들까지 힘들어진다. 각각의 질서 조절도 힘들고 자녀들도 힘들다. 이렇게 상호 어려운 조건이라면 당장 한 지붕에 모여 사는 것은 고려를 해 봐야 한다.

홀몸은 고슴도치와 같아서 서로 일정한 공간이 필요하다. 지난날에 대한 상처가 되었던, 현재의 조건이 되었던, 자녀와 재혼생활에 대한 불안이던 간에 가시가 있다. 각자의 가시가 서로에게 상처를 주지 않게 하려면 시간적 공간과 물리적 공간이 필요하다. 흔히 결혼정보회사에 이혼 후 3~4년 안에 재혼을 하라고 말하는데 그것은 가정에 대한 감각이 상실되고 혼자의 질서가 구축되기 전에 하라는 말이다. 일리는 있지만 구리는 확보되지 않는 말이다. 재혼은 서로 아무것도 바라지 않는 백색의 상태가 되었을 때 하는 것이 가장 좋은 것이다. 혼자 살기 힘들다고 서로 의지하고 힘이 되자는 마음이 강할수록 바라는 것도 많아지는 것이다. 바라는 것이 많아지면 그만큼 실망도 큰 것이라고 하지 않는가.

물리적 공간도 그렇다. 여건이 성숙되지 않았는데도 당장 살림을 합치는 게 좋을지도 생각해봐야 한다. 남녀가 서로 미래를 약속하고 확실한 동반자의식이 있다면 그까짓 것 좀 떨어져 살면 어떤가. 한가족임을 선언하고 당분간 자신의 거주 공간에서 머무는 것은 좀 어떤가. 거리가 멀다면 같은 동네 같은 아파트 단지로 이사 와서 곁에서 지내는 것도 대안적 방법이다. 그렇게 해서 차근차근 거리를 좁히고 공간을 확대할 수 있는 여건을 조성한 다음 한 공간을 이루어도 늦지 않고 충분하다. 재혼이라는 동반자적 결합은 천천히 발전시키는 것이며 그러기 위해서는 신뢰가 필요하고 인내를 요구하는 것이다.

이렇게 한 가족 두 지붕 형태는 여건이 여의치 않은 재혼부부에게는 당장 공간 확보의 어려움을 고민하지 않아도 된다. 공간이 독립됨으로써 오히려 각자 가지고 있는 개별 질서를 해치지 않고 서서히 서로에게 녹아 들어갈 때까지 완충시간을 벌 수도 있을 것이다.

이런 경우도 있었다고 한다. 남자는 혼자 작은 아파트에서 살고 있고 여자는 딸과 함께 살고 있었는데 남녀가 서로 오가면서 지내다 여자의 딸이 취업을 하여 자기 공간이 필요하자 남자의 아파트를 내어주고 그때서야 남자가 여자의 집에 들어왔다. 아마 이들은 시간과 인내가 많이 필요했을 것이다.

이런 한 가족 두 지붕 임시 형태가 세컨드 하우스(The second house)이다. 내 집 말고 또 쉴 수 있는 공간이 하나 더 있으니 그도 좋지 않겠는가. 이렇게 임시 공동정부를 세운 다음 여건이 허락하는 대로 하나의 지붕에서 하나의 가정으로 이전되는 것이 공간 확보 여건이 어려운 재혼가정에 있어서는 대안으로 제시할 수 있을 것이다. 물론 이 경우 책임감과 의무가 담보된 상태에 이루어져야 하며 황혼재혼일수록 더욱더 이런 형태가 바람직할 것이다.

반드시 필요한 재혼합의서

사람의 의식은 관념적 사고와 유물적 사고로 나눌 수 있다. 남녀의 감정도 마찬가지로 관념적 사랑이 있고 유물적 사랑이 있다. 이탈리아 피렌체에 있는 폰테 베키오 다리 위의 사랑이 관념적 사랑의 전형이다. 단테의 신곡에서 베아트리체를 만난 곳이 이곳 아르노 강 위에 있는 폰테 베키오 다리인데 단테는 다리 위에서 단 한 번 스치듯 만난 베아트리체에게 품은 연정을 깊게 각인해 버린다. 지옥에 가서도 영혼의 구도자로 베아트리체를 생각할 정도로 단테의 여인 베아트리체는 영원한 사랑의 대상이다. 이것이 관념적 사랑이다. 관념은 확고부동해서 어떤 경우에도 변하지 않는 것이 관념이다. 종교의 신앙이 이런 관념이다. 현실 상황에 따라 의식과 감정이 바뀌면 그건 관념이 아닌 것이다.

사람들은 이런 관념적 사랑을 원한다. 영원히 변치 않을 사랑 말이다. 재혼에 있어서도 다시 맺은 사랑이 변하지 말고 영원하길 바란다. 그런 마음에서 재혼 결혼식에서 입맞춤도 하면서 사랑을 표현하기도 한다.

하지만 초혼도 그러했을 것이다. 사랑했기 때문에 초혼을 했을 것이며 그 사랑이 죽을 때까지 영원할 것이라 여겼을 것이다. 그러나 어떤 사연이 있었던 간에 이혼을 했다는 것은 그 사랑이 관념적 사랑이 아니라는 것을 증명한다. 유물적이라는 말이다.

유물적이라는 말은 인간의 의식은 환경에 영향을 받고 환경은 항상 변하기 때문에 인간의 의식과 감정도 환경에 따라 움직인다는 것이다. 인간은 주변의 상황에 의해 의식과 감정이 변한다. 인간의 감정은 비합리적이기는커녕 나름대로 다 합리적인 이유가 있다.

남녀가 만나 재혼을 하고자 할 때는 이것저것 다 따져서 현 상황에서 결합 할만 해서 하는 것이다. 그것이 사랑의 감정에 의한 결과라고 해도 잘 살펴보아야 한다. 현 상황 타개인지, 아니면 외로움 해소인지, 성적 충족인지, 가정재건설을 통한 심리적 안정을 얻게 될 것 같아서 생긴 사랑인지 말이다. 조금이라도 미래에 대한 불안이 있는 것은 과거가 있기 때문이다. 과거의 쓰린 경험은 미래를 불안하게 만든다. 아직 경험해보지도 않은 미래를 흔드는 것이다. 이런 은폐된 불안의식을 안고 재혼을 하고 재혼생활을 하다 보면 불편한 감정이 자연스럽게 생길 것인데 이것이 커지지 말라는 보장도 없는 것이다.

그렇다고 해서 인간의 의식이나 감정이 환경에 의해서만 따라간다면 슬픈 일이다. 인간은 그렇게만 살 수 없는 것이고 부부관계는 더욱더 그렇다. 그래서 가치관이 필요한 것이다. 재혼에 있어서는 재혼 가치관 말이다. 이것이 바를 때 또는 합일되었을 때 그 재혼이 온전히 영속될 것이라 생각한다.

재혼에 있어 일말의 불안을 다스릴 수 있는 의식이 가치관이라면 그 가치관을 기표로 드러내는 것이 타당할 것이다. 그게 재혼합의서이다.

아무리 충만한 사랑으로 결합된 재혼부부라고 해도 초혼부부와는 다르다. 이 다름이 불안하니까 경우에 따라서는 자녀를 더 낳기도 한다. 하지만 이 아이가 부부간 핏줄의 연결고리는 될 수 있을지 몰라도 기존의 자녀들이 방치되는 우려는 불식시킬 수 없다. 재혼부부들이 자녀를 생산하는 것을 보면 경제적 능력이 있거나 아니면 정말로 한 쪽이 자녀가 없어 낳는 경우도 있지만 부부의 결속력이 약화될 때를 우려해서 낳기도 한다. 그만큼 재혼에 대해서 불안한 마음을 갖고 있다는 것이 숨김없는 현상이라고 봐야 할 것이다. 사랑해서 결혼했지만 실패를 경험으로 안고 있는 재혼이다. 그러니 아무리 사랑에 눈이 멀고 귀가 먹고 가슴이 뛴다고 해도 투명해야 할 것은 투명해야 한다. 투명하지 않고 좋은 게 좋은 거다 하고 덮어 놓은 것은 나중에 먼지가 쌓이고 공기가 통하지 않아 곰팡이를 키울 수 있는 위험소지가 있다.

재혼가족은 다르게 살아온 두 가족이 합쳐진 상황이다. 이렇게 초혼가족과 다른 재혼가족의 차이를 인정하고 협의의 절차를 반드시 투명하게 표기를 해야 한다. 서로 사랑한다면 더욱더 그래야 한다. 조금 달리 표현하자면 사랑하고 평생 함께하고픈 마음의 증표는 보석이 아니다.

남녀의 재혼 이야기가 구체화 되는 시점에 있어서는 이러저러 예견된 문제점들에 대해서 합의를 돌출해야 한다. 재혼 후 거주 공간 문제,

경제 문제, 자녀 양육 문제 등 앞에서 살펴본 문제들을 하나도 남김없이 토론하고 합의를 이끌어야 한다. 합의가 돌출되었다 하더라도 명시적으로 표현되지 않는다면 소용없는 것이니 되도록 재혼합의서를 작성하고 약정을 하는 것이 낫다. 거기다 필요하면 공증을 하는 것이 더 낫고 황혼재혼일수록 상속문제 등에 있어 명확히 하는 것이 필요하다.

이왕 재혼합의서를 쓰려고 한다면 재혼부부와 자녀들, 그리고 전 배우자와 자녀 조부모에 이르기까지 관련된 사람들 모두를 포함해 가족의 역할 관계 및 경계와 재산에 관한 권리 등을 명시해야 할 것이다. 또한 양육비를 포함한 생활비를 누가 어떻게 관리하고 지출할 것인지에 대해 세부적일수록 더욱 재혼가정을 꾸려 나가는 데 좋지 않겠는가.

만약 이렇게 세부적으로 명시한 재혼합의서에 어느 한 쪽이 서명을 하지 않는다면 그건 당신과 재혼을 하여 평생 함께할 자신이 없다는 것이다. 이승을 떠나 저승에 가서도 함께하고 싶다면 재혼합의서에 왜 서명을 못하겠는가. 이혼할 때 이혼합의서에 도장을 찍은 사람이 재혼할 때도 재혼합의서에 도장을 찍어야 하는 것은 당연한 일 아닌가. 사랑의 이름으로 어물쩍 넘어가려고 하거나 표정이 일그러진다면 그 재혼은……, 하지 않는 것이 낫겠다.

시작이 투명하고 확실해야 나중이 순조롭고 행복한 것이다. 괜히 당장의 감정에 휘둘려 불투명하게 가정을 꾸렸다가 시간이 흐른 뒤 다가오는 문제들 앞에서 쉽게 흔들리는 것은 시작이 단단하고 투명하지 않기 때문이 아니겠는가. 반석 위에 집을 세우라 했다. 그 반석이 깊은 사랑이나 가치관이겠지만 이런 사랑을 증표할 수 있는 것이 있을 때 더욱더 믿음에 의한 사랑이 유지되고 커 나가지 않겠는가.

그리하여 아주 먼 훗날 둘만 남았을 때, 아니 누군가 먼저 세상을 뜰 때, 서로가 함께했던 방을 정리하면서 장판을 들추다 너무 오래되어 무슨 내용인지도 식별이 되지 않는 재혼합의서를 발견하게 되고 그것이 바로 평생을 함께할 수 있었던 사랑의 보증서였음을 깨달을 수도 있지 않겠는가.

에필로그

필자가 이 책을 쓰는 동안 휴대전화로 한 장의 사진이 전송되어 왔다. 자그마한 아파트 거실을 배경으로 한 젊은 남자가 아기를 등에 포대기로 업고 있는 사진이었다. 사진을 보낸 사람은 남자의 새 부인이다. 그동안 따로 살고 있는 것으로 알고 있었는데 이제 살림을 합친 모양이다.

이 재혼부부가 알콩달콩 살기까지 여러 단계를 거쳐 왔다. 결혼식을 올리고 나서도 각자의 형편 때문에 당장 합치지 못하고 주말부부 형태로 근 1년을 지내왔다. 남자의 일터와 여자의 일터가 거리상 멀었고 재혼가정을 꾸리기 위해 준비해야 할 것들이 많았던 것이다.

남자는 자녀가 아예 없었지만 여자에게는 어린 딸이 한 명 있었다. 더구나 여자는 남자보다 한 살 연상이었다. 이 단계를 극복하기가 참 어려웠다. 남자는 진정성을 가지고 여자에게 청혼을 하였지만 여자는 자신에게 자녀가 있다는 것과 한 살 연상이라는 점을 자격지심으로 여겨 굉장히 망설였었다. 남자의 진정성이 여자에게 전달되지 않았고 여자의 불안이 남자에게 이해되지 않았던 것이다. 서로 마주 보고 소통하지 못하면서 오랜 시간을 보낸 것으로 안다.

그러던 어느 날 필자는 남자의 진정성이 높다는 것을 알게 되었고 여자에게 용기를 갖기 바란다는 격려의 메시지를 보냈다. 그 후 몇 달 뒤 이들 남녀가 재혼을 한다는 소식을 전해 왔다. 결혼식을 마친 후 많은 시간이 흘러 사진을 보내주었다. 사진 속에 남자는 잔잔한 일상의 행복이 얼굴 가득 묻어 있었다. 그 사진을 필자에게 전송한 여자 역시 잃어버린 행복을 다시금 맛보며 지냈을 것이다.

그런 말이 있다. 결혼은 상상력이 지력에 승리한 것이라고 말이다. 현실적으로 인지된 난관을 이겨 냈을 때 결혼이 이루어지는 것이라고 한다면 재혼은 희망이 경험을 이긴 결과이다. 여자가 자신에게 자녀가 있고 남자가 연하라는 이유 때문에 희망을 버렸다면 아마도 지금의 행복은 맛보지 못했을 것이다.

필자가 많은 홀몸들을 만나 보면서 제일 안타깝게 느꼈던 점은 이혼자를 곧 실패자로 여기는 것이었다. 이 점은 남자나 여자나 마찬가지였다. 생활의 어려움은 말할 것도 없겠지만 정신적으로 자기 학대를 하는 것은 참으로 보는 사람조차 힘들게 했다. 이런 자기 학대가 곧 새로운 삶을 향해 발을 딛지 못하게 하고 그렇다고 혼자서 삶을 견디지도 못한 채 재혼시장에서 힘없이 서성거리게 만든다. 과거의 상처가 패배자 의식과 더불어 미래에 대해서 겁을 집어 먹게 만든 것이다.

또 상처로 인한 현실적 어려움은 공상에 가까운 자기만의 상상으로 막연하게 재혼 후 그림을 그려 현실성이 결여되어 있음을 들여다볼 수 있었다. 이는 사회적으로 재혼이라는 가족구성에 대한 단계적 인식이 부재하기 때문이다. 이 또한 사회가 담론으로 구체성을 확보해야 할 과제이다. 새로운 사람을 앞에 두고 어떻게 함께해야 지혜로운 것인지 알아야 하는데 초혼 형태에 그대로 재혼을 대입해 재혼 성사도 어렵고 또 재혼생활을 시작하다가도 얼마 못가 다시금 홀몸의 길을 걷는 것은 차마 보기 안타까웠다.

재혼은 말 그대로 거듭된 혼인이지만 거듭된다고 해서 초혼의 반복은 아니다. 재혼은 거듭 탄생하는 인식과 의식이 탄생시키는 혼인이며 잘 정리된 인식이 있을 때 아름다운 사랑이 가능하다. 그러기 위해서는 자신에게 휘감겨 있는 상처의 흔적을 스스로 치유하는 일이 먼저일 것이고 인내를 가지고 단계를 차근히 밟아 나가면 다시금 일상의 잔잔한 행복을 찾을 것이라 믿는다.

이 모든 것을 추동하는 것은 희망이다. 철학자 키르케고르는 '희망을 버리는 것은 죽음에 이르는 길'이라고 말했다. 무슨 일이든 해결의 방법은 있다. 그 해결의 방법을 지혜를 가지고 연구해야 하고 노력해야 한다. 재혼에 있어 인연은 사람을 만났다에 그치지 않고 그 인연이 잘 이어지도록 자신을 들여다보고 상대를 있는 그대로 바라봐야 한다. 그래야 사람이 눈처럼, 눈이 사람처럼 휘날리지 않을 것이다.

세컨드 웨딩

재혼하면 행복할까?

지은이 양영제

1판 1쇄 발행 2012년 9월 15일

발행인 김소양
책임편집 이윤희
마케팅 김지원, 이희만, 장은혜

발행처 ㈜ 우리글
출판등록번호 제 312-2010-000113호
출판등록일자 1998년 6월 3일

주소 서울 서초구 양재2동 299-5 남양빌딩 6층
전화 02-566-3410 **팩스** 02-566-1164
홈페이지 http://www.dameet.com **블로그** blog.naver.com/wrigle

© 양영제 2012

다밋은 ㈜우리글의 임프린트입니다.
이 책은 저작권법에 따라 보호받는 저작물이므로 무단전재와 무단복제를 금합니다.
이 책의 전부 또는 일부를 이용하려면 반드시 저작권자와 ㈜우리글의 동의를 받아야 합니다.

값은 표지에 있습니다.
978-89-6426-054-8 03180

잘못 만들어진 책은 구입하신 서점에서 교환해드립니다.